AS FERIDAS DE UM LEITOR

Do Autor

*João Cabral de Melo Neto:
O Homem sem Alma & Diário de Tudo*

Ribamar

JOSÉ CASTELLO **AS FERIDAS DE UM LEITOR**

BERTRAND BRASIL

Rio de Janeiro | 2012

Copyright © José Castello, 2012

Capa: Humberto Nunes

Foto de capa: Tiziana de Silvestro/Getty Images

Editoração: FA Studio

Texto revisado segundo o novo
Acordo Ortográfico da Língua Portuguesa

2012
Impresso no Brasil
Printed in Brazil

Cip-Brasil. Catalogação na fonte
Sindicato Nacional dos Editores de Livros. RJ

C344f	Castello, José, 1951
	As feridas de um leitor / José Castello. – Rio de Janeiro : Bertrand Brasil, 2012.
	280p. : 23 cm
	ISBN 978-85-286-1600-2
	1. Literatura brasileira – História e crítica. 2. Escritores brasileiros. I. Título.
12-4313	CDD: 809
	CDU: 82.09

Todos os direitos reservados pela:
EDITORA BERTRAND BRASIL LTDA.
Rua Argentina, 171 — 2º andar — São Cristóvão
20921-380 — Rio de Janeiro — RJ
Tel.: (0XX21) 2585-2070 — Fax: (0XX21) 2585-2087

Não é permitida a reprodução total ou parcial desta obra, por quaisquer meios, sem a prévia autorização por escrito da Editora.

Atendimento e venda direta ao leitor:
mdireto@record.com.br ou (0XX21) 2585-2002

ADVERTÊNCIA

Este livro é uma reunião de artigos dispersos sobre literatura e sobre escritores publicados na imprensa do Rio de Janeiro, de São Paulo e de Curitiba, somados a algumas conferências dispersas. Aqui enfim reunidos, esses artigos compõem um registro — profunda cicatriz — das feridas que a leitura sempre produz em mim. Ler — se lemos para valer — fere. Arranca nacos do espírito, agita a sensibilidade e desloca os pensamentos. Essas marcas nunca cicatrizam por completo. A melhor forma de tratá-las é transformá-las em novos textos, que geram novas leituras, em um desdobramento infinito de escritores e de leitores que dialogam e se misturam. Se aqui os entrego ao leitor é, também, para com eles dividir a dor — ainda que mesclada de alegria — que a literatura produz em mim. Este livro, por fim, não existiria sem o apoio e o entusiasmo de Almir de Freitas, Evaldo Mocarzel, Manva Miller, Robinson Borges e Rogério Pereira.

SUMÁRIO

UM |	**A DÉCADA DOS INVENTORES**	11
DOIS |	**CRÔNICA, UM GÊNERO BRASILEIRO**	19
TRÊS |	**MÁRIO, O MODERNISTA PRUDENTE**	27
QUATRO |	**A SALVAÇÃO IMPOSSÍVEL**	33
CINCO |	**O TURVO PRESENTE**	39
SEIS |	**AS MÃOS SUJAS DE ONETTI**	45
SETE |	**O FALSO PESSIMISTA**	51
OITO |	**VINICIUS ATORMENTADO**	59
NOVE |	**POR UMA LITERATURA CLÍNICA**	65
DEZ |	**A GRANDEZA DO MENOR**	69
ONZE |	**CARLOS APESAR DE DRUMMOND**	75
DOZE |	**O SOCIALISTA ALEGRE**	81
TREZE |	**VALÊNCIO, O FURIOSO**	87

QUATORZE |	**BORGES, O SENTIMENTAL**	91
QUINZE |	**NA AGULHA DO INSTANTE**	97
DEZESSEIS |	**LUZ NA ESCURIDÃO**	107
DEZESSETE |	**A DELÍCIA DA MANHÃ**	111
DEZOITO |	**MEMÓRIAS INVOLUNTÁRIAS**	121
DEZENOVE |	**UM LIVRO É UM GATO**	127
VINTE |	**A IMAGEM ENCOBERTA**	133
VINTE E UM |	**VIRGINIA DE BIGODES**	139
VINTE E DOIS |	**LITERATURA E MEDO**	145
VINTE E TRÊS |	**O ROMANCE-FANTASMA**	151
VINTE E QUATRO |	**SÁBATO NO ESCURO**	157
VINTE E CINCO |	**A FÚRIA DE NOLL**	163
VINTE E SEIS |	**A ESCRITA DA SOLIDÃO**	169
VINTE E SETE |	**O GUARDIÃO DO FUTURO**	175
VINTE E OITO |	**SUJO E BRUTO**	181
VINTE E NOVE |	**A CHAVE DO IMPENETRÁVEL**	187
TRINTA |	**O ABRAÇO AFLITO DE BACON**	193
TRINTA E UM |	**O TRIÂNGULO DE MACHADO**	199
TRINTA E DOIS |	**O GABINETE DA BRUXA**	203
TRINTA E TRÊS |	**O POETA DAS PEQUENAS COISAS**	213

TRINTA E QUATRO |	**A LAVOURA DE SI**	229
TRINTA E CINCO |	**SENTINELA DA MEMÓRIA**	237
TRINTA E SEIS |	**O SOL ENTRE AS ESTRELAS**	243
TRINTA E SETE |	**A ATRAÇÃO DA POESIA**	247
TRINTA E OITO |	**QUAL SARAMAGO?**	257
TRINTA E NOVE |	**O HOMEM DESLOCADO**	261
QUARENTA |	**OS NAVEGANTES DA NOITE**	265
QUARENTA E UM |	**VALTER HUGO MÃE**	269
QUARENTA E DOIS |	**A FICÇÃO ENVERGONHADA**	275

UM | A DÉCADA DOS INVENTORES

Autor do mais celebrado romance brasileiro de 2008, *O filho eterno* (Record), o escritor Cristovão Tezza entrega uma senha para os que desejarem, um pouco precocemente, interpretar a ficção brasileira da primeira década do século XXI. A princípio, *O filho eterno* era um livro híbrido, a meio caminho entre a história pessoal e a confissão. Em outras palavras: em seus primeiros manuscritos, Tezza trabalhava a reboque da realidade — como se fosse seu refém. E isso, admitiu depois, o impedia de escrever.

Só conseguiu avançar quando entendeu que, mesmo lidando com materiais íntimos, devia arriscar-se em um salto para além do real. Abandonou, então, o relato em primeira pessoa, e substituiu o Eu por um outro — um Ele. Afastado da realidade, o relato de Tezza ganhou autonomia. Em vez escrever na esperança de espelhar o mundo, ele escrevia, agora, para reinventá-lo. Essa mudança de atitude o levou a concluir, enfim, seu grande livro.

Não foi só uma estratégia pessoal, mas a superação das últimas ilusões do século anterior. Nos anos 1990, a ficção brasileira se intoxicou de fatos. Competindo com a televisão, o cinema e a internet, ela se deixou pautar pela agenda do jornalismo. Com isso, passou a competir com a brutalidade do real. Para muitos escritores, mais que um espelho, a literatura devia ser uma janela de vidro, através da qual a realidade se fixava. Em contraste, a grande novidade trazida pela literatura brasileira do século XXI é reafirmar a força da invenção. Com o novo século, muitos autores abdicaram do desejo secreto de se tornarem fotógrafos, roteiristas, documentaristas. E voltaram a ser o que devem ser: escritores.

Três lançamentos recentes — *Leite derramado*, de Chico Buarque, *O filho da mãe*, de Bernardo Carvalho, e *A cidade ilhada*, de Milton Hatoum, lançados pela Companhia das Letras — reafirmam essa tendência para a autonomia e a liberdade interior que, afinal, definem a literatura. Não: nossos escritores não agem, agora, como autistas, para quem o mundo real se tornou inalcançável. Aprenderam, contudo, que toda narrativa é uma simulação; que nenhuma ficção esgota a realidade, ou a fisga. Mas apenas se aproxima dela.

A leitura dos três livros remete a uma reflexão de Francis Bacon, o grande pintor irlandês, em célebre entrevista a David Sylvester ainda nos anos 1970, depois transcrita em livro (*A brutalidade dos fatos*, Cosac Naify, tradução de Maria Theresa Resende Costa). Nos anos 1990, a explosão da TV a cabo, da internet e da informação instantânea levou muitos escritores a acreditarem que a literatura só sobreviveria se fizesse um caminho de volta, com mão pesada, rumo à realidade. Se passasse a agir, ela também, como uma espécie de antena do mundo. Em uma competição inútil com o universo das imagens, esses escritores entraram, na verdade, em um beco sem saída, no qual há lugar para tudo — menos para a literatura. A literatura não é uma máquina diante da qual a realidade se ajoelha e se despe. Em vez disso, como dizia Julio Cortázar, é uma máquina de inventar novas realidades.

Talvez a palavra mais correta seja reinvenção — já que a realidade é, ela também, uma invenção. Chamamos de realidade aquele conjunto de valores e fatos consagrados, dentro dos quais vivemos. Convenções, preconceitos e superstições que, por parecerem sensatos e naturais, chamamos de "realistas". Retorno a Francis Bacon. Na entrevista a Sylvester, ele admite que o artista está, sempre, atado à realidade. Mas faz ressalvas muito inspiradoras. O tema (a realidade) é, Bacon alerta, só uma "isca". "Tem-se de começar de um ponto, e se começa a partir do tema que gradualmente irá evaporar-se e deixar aquele resíduo que chamamos de realidade, e que talvez vagamente tenha a ver com o que nos serviu de ponto de partida." Uma vez refinado pela peneira da ficção, o mundo real se dissolve, deixando atrás de si uma cauda de restos. No caso da literatura, o que o leitor tem nas mãos é "outra coisa", que já não é a realidade nem a evoca — mas sim o que o escritor conseguiu fazer dela.

As reflexões de Bacon ajudam a ler não só os livros de Chico Buarque, Bernardo Carvalho e Milton Hatoum, mas toda a melhor produção ficcional dessa primeira década do novo século. O narrador de *Leite derramado* é um homem que agoniza. Perplexo e demente, ele "dita" suas memórias a uma acompanhante obscura. Aos poucos, o leitor se defronta com um narrador em quem não pode confiar. Todo o relato não passa de um esforço, inútil, para reconstruir uma vida que, em definitivo, se perdeu.

Mesmo nos ásperos anos 1990, Bernardo Carvalho já se destacava como um hábil construtor de armadilhas intelectuais, tendência que se confirma agora em *O filho da mãe*. Vozes dispersas se entrelaçam para contar uma história em que a figura da mãe ocupa o lugar central. Mas essa orquestra de vozes inquietas e deslocadas de seu centro e esse tema benigno, o amor materno, em vez de expandirem e clarearem, estreitam e obscurecem. Com o avançar da leitura, o leitor se dá conta de que é sua credulidade que, afinal, está em jogo. Cabe-lhe, então, emprestar consequência ao que os narradores relatam, e afiar-se de que é no conflito e no descompasso das falas dos dois que alguma coisa (que toma o lugar da verdade, mas não é a verdade) se afirma.

Os contos reunidos em *A cidade ilhada*, de Milton Hatoum, seguem a mesma estratégia de desestabilização do mundo. Afinal, onde vive Zéfiro, personagem de "Dois poetas da província"? Ele vive em Manaus, mas habita Paris — cidade que só conhece através de mapas e da literatura. Está entre dois mundos, não em um só. No magnífico "A natureza ri da cultura", o bretão Felix Delatour sofre de gigantismo. A doença reproduz na anatomia algo que se passa em sua mente: a atração pelas distâncias e pelo desconhecido. "Para ele, viajar era uma forma de viver em tempos distintos", diz o narrador. A frase é perfeita como metáfora para a literatura, que se define por escavar um rombo ali onde a retumbante realidade, na verdade, não passa de uma crosta.

Em um processo semelhante de reinvenção de si, Silviano Santiago escreveu algumas das mais importantes narrativas da década. Sua vocação para a falsificação e a mentira começa, em 2004, com *Histórias mal contadas* (Rocco), livro em que a figura do escritor se confunde com a do arqueólogo — profissional das meias verdades, dos sinais dispersos e dos restos. Em seus relatos, Santiago trabalha com os fragmentos que compõem nossa identidade; materiais despedaçados que, uma vez reunidos, compõem, no máximo, uma "autoficção". A estratégia se radicaliza no ano seguinte com *O falso mentiroso* (Rocco), romance que narra a vida de um falsificador de pinturas que, contra seus objetivos, acaba se tornando um artista. Invenção que se realiza à revelia do autor, afirmando um novo caminho para a literatura brasileira: nem celebrar a realidade nem a desprezar, mas enfrentá-la. Isto é: reinventá-la.

Muitas vezes, essa reinvenção da experiência se faz através da delicadeza e da abordagem sutil — características, em geral, atribuídas à "escrita feminina". De fato, escritoras como Beatriz Bracher, com *Antonio* (Editora 34), Carola Saavedra, com *Flores azuis* (Companhia das Letras), e Lívia Garcia-Roza, com o recente *Milamor* (Record) fazem da intimidade e de suas nuances instrumentos de desmontagem da "vida real". Mostram-nos que a realidade é mais complexa, não porque é maior do que imaginamos, mas porque é menor. A delicadeza de personagens como Benjamim (em *Antonio*), da enigmática "A" (em *Flores azuis*) e de Maria (em *Milamor*) sintetiza um esforço, meio fracassado, mas comovente, para dar conta da vida. Essa consciência do fracasso não é um privilégio das mulheres: ela aparece, por exemplo, em *O segundo tempo* (Companhia das Letras), romance que Michel Laub publicou em 2006, em que a ida de dois irmãos a um jogo de futebol serve — como nos sugeriu Francis Bacon — apenas como "tema" a ser transfigurado.

Já antes do estupendo *Leite derramado*, Chico Buarque nos brindou com outros personagens asfixiados pela solidão e impotentes para reger o mundo. Sujeitos como o ghost-writer José Costa, de *Budapeste* (Companhia das Letras), um homem que se aprisiona na pele de um outro para escrever a biografia de um estranho. Solidão e escuridão são, de fato, elementos cruciais nessa literatura da nova década. Narradores e personagens se deixam devorar pela realidade, em vez de manejá-la; ela, sim, os manobra e os "escreve". Seres para quem a limpidez das imagens já não serve mais. Resta-lhes se contentar com impressões fugidias e com painéis sombrios; e, a partir deles, reinventar um mundo em que possam viver.

São, em consequência, narradores e personagens sempre em trânsito, a circular às tontas por um mundo cujas bordas não conseguem mais vislumbrar. Essa inapetência à realidade, pelo menos àquela realidade apresentada como sensata, coerente e natural, leva esses escritores a produzir livros que nem sempre se acomodam nas classificações canônicas. Como classificar *Ó* (Iluminuras), narrativa perturbadora lançada, em 2008, pelo artista plástico Nuno Ramos? A última frase do livro — "O que você acha disso?" — sintetiza uma perplexidade que o desfilar das 283 páginas, em vez de resolver, só radicaliza. Um romance como *A chave da casa* (Record), livro de estreia de Tatiana Salem Levy, conta a história de uma velha chave, repassada pelo avô, que serve à narradora não só como motivo para uma viagem à Turquia, mas, sobretudo, como senha para uma viagem interior, na qual ela se recria. A mesma sensação de inconsistência perturba os três primos que, em *Galileia* (Alfaguara), romance de Ronaldo Correia de Brito, fazem juntos uma viagem de volta à fazenda da família. O que desejam encontrar? Mas será que desejam mesmo encontrar, ou estão ali para inventar?

As viagens no escuro, que sempre sustentaram as narrativas de João Gilberto Noll, se adensam em *Acenos e afagos* (Record), romance de 2008. Nele, as experiências eróticas, em vez de guardarem as feições chapadas do realismo, se tornam trampolins para um novo tipo de espiritualidade, em uma estranha epifania da carne. Mesmo quando energizada com certo olhar jornalístico, como em *Dias de Faulkner* (Imprensa Oficial), de Antônio Dutra, a realidade, nessa primeira década do século XXI, se deforma e ganha um novo sentido, que a afasta do que "realmente existe" e do verdadeiro, e a aproxima do arbitrário e do singular.

Até mesmo os sentimentos que, em geral, vemos como um reduto sagrado do sincero e do honesto, já não são mais confiáveis. Em um romance como *O amor não tem bons sentimentos* (Iluminuras), Raimundo Carrero nos leva a ver que, se são feitos de calor e de tremor, os sentimentos se fazem, também, de frieza e de arbítrio. Afastados até mesmo de suas mais íntimas certezas, os narradores do século XXI se veem obrigados a repensar seu poder de narrar. Fragmentado e fluido, o mundo contemporâneo os tirou do centro do palco e os empurrou para um recanto obscuro e marginal. Já não conseguem nem ver direito nem descrever em paz. Tudo o que lhes resta é recolher as sobras de um mundo que acabou e, a partir delas, inventar, como for possível, um novo presente.

("Eu &", *Valor Econômico*)

DOIS | CRÔNICA, UM GÊNERO BRASILEIRO

NAS FRONTEIRAS LONGÍNQUAS DA LITERATURA, ali onde os gêneros se esfumam, as certezas vacilam e os cânones se esfarelam, resiste a crônica. Nem todos os escritores se arriscam a experimentá-la, e os que o fazem se expõem, muitas vezes, a uma difusa desconfiança. Para os puristas, a crônica é um "gênero menor". Para outros, ainda mais desconfiados, não é literatura, é jornalismo — o que significa dizer que é um simples registro documental. Alguns acreditam que ela seja um gênero de circunstância, datado — oportunista. Não é fácil praticar a crônica.

Definida pelo dicionário como "narração histórica, ou registro de fatos comuns", a crônica ocupa um espaço fronteiriço entre a grandeza da história e a leveza atribuída à vida cotidiana. Posição instável, e nem um pouco cômoda, em que a segurança oferecida pelos gêneros literários já não funciona. Lugar para quem prefere se arriscar em vez de repetir. A crônica confunde, porque está onde não devia estar: nos jornais, nas revistas e até na televisão — nem sempre nos livros. Literatura ou jornalismo? Invenção, ou uma simples (e literal) fotografia da existência? Coisa séria, ou puro entretenimento?

Supõe-se, em geral, que os cronistas digam a verdade — seja lá o que se entenda por verdade. Não só porque crônicas são publicadas na imprensa, lugar dos fatos, das notícias e da matéria bruta, mas também porque elas costumam ser narradas na primeira pessoa, e o Eu sempre evoca a ideia de confissão. E, ainda, porque vêm adornadas, com frequência, pela fotografia (verdadeira!) de seu autor.

Então, se o cronista diz que foi à padaria, ou que esteve em uma festa, aquilo deve, de fato, ter acontecido, o leitor se apressa a concluir. É uma suposição antiga, que vem dos tempos do descobrimento, quando os cronistas foram aqueles que primeiro transformaram em palavras a visão do Novo Mundo. Cronistas eram, então, missivistas empenhados em dizer a verdade, retratistas do real.

Contudo, e esse é seu grande problema, mas também sua grande riqueza, a crônica é um gênero literário. Não é ficção, não é poesia, não é crítica, nem ensaio, ou teoria — é crônica. As crônicas históricas do passado, relatos de viajantes e de aventureiros, pretendiam ser apenas um "relato de viagem". Aproximavam-se, assim, do inventário, do registro histórico e do retrato pessoal, e ainda da correspondência. Essas narrativas estavam mais ligadas à história que à literatura. Tinham, antes de tudo, um caráter utilitário, pragmático: serviam para transmitir aquilo que se viu.

No século XIX, com a sofisticação dos estudos históricos, e também com a expansão da imprensa, a crônica se afastou do registro factual e se aproximou da literatura e da invenção. Nossos primeiros grandes cronistas — Alencar, Machado, Bilac, João do Rio — foram, antes de tudo, grandes escritores. Eles descobriram na crônica o frescor do impreciso e o valor do transitório. E a praticaram com regularidade e empenho.

Mas foi ao longo do século XX que a crônica se firmou entre nós, assumindo posturas e feições realmente próprias. É no século XX que ela se torna — nas mãos de cronistas geniais como Rubem Braga, Paulo Mendes Campos, José Carlos Oliveira, Sérgio Porto, Rachel de Queiroz, Fernando Sabino, Henrique Pongetti — um gênero brasileiro. Ou, dizendo melhor: que ela se adapta e se expande no cenário da literatura brasileira.

Isso não fala, contudo, nem de uma identidade nem de um modelo. Ao contrário: o que marca a crônica brasileira é que, em nossa literatura, ela se torna um espaço de liberdade. Qual escritor brasileiro, no século XX, teve o espírito mais livre que o Rubem Braga? Quem mais, desprezando as normas e pompas literárias e com forte desapego aos cânones e aos gêneros, apostou tudo na crônica — vista como um gênero capaz de jogar de volta a literatura no mundo?

A grande novidade da crônica, que se firmou ao longo do século XX no Brasil, é exatamente essa: sua radical liberdade. Embora abrigada nos grandes jornais e depois reunida em livros, ela não tem compromisso com mais nada: nem com a verdade dos fatos, que baliza o jornalismo, nem com o império da imaginação, que define a literatura. A crônica traz de volta à cena literária o gratuito e o impulsivo. O cronista não precisa brilhar, não precisa se ultrapassar, não precisa surpreender, ou chocar; ele deseja, apenas, a leveza da escrita.

Gênero anfíbio, a crônica concede ao escritor a mais atordoante das liberdades: a de recomeçar do zero. Quando escreve uma crônica, o escritor pode ser ligeiro, pode ser informal, pode dispensar a originalidade, desprezar a busca de uma marca pessoal — pode tudo. Na crônica, ainda mais que na ficção, o escritor não tem compromissos com ninguém. Isso parece fácil, mas é frequentemente assustador.

Pode falar de si, relatar fatos que realmente viveu, fazer exercícios de memória, confessar-se, desabafar. Mas pode (e deve) também mentir, falsificar, imaginar, acrescentar, censurar, distorcer. A novidade não está nem no apego à verdade nem na escolha da imaginação, mas no fato de que o cronista manipula as duas coisas ao mesmo tempo — e sem explicar ao leitor, jamais, em qual das duas posições se encontra. O cronista é um agente duplo: trabalha, ao mesmo tempo, para os dois lados, e nunca se pode dizer, com segurança, de que lado ele está.

Na verdade, ele não está em nenhuma das duas posições, nem na da verdade nem na da imaginação — mas está "entre" elas. Ocupa uma posição limítrofe — e é por isso que o cronista inspira, em geral, muitas suspeitas. Os jornalistas o veem como leviano, mentiroso, apressado, irresponsável. Os escritores acreditam que é preguiçoso, interesseiro, precipitado, imprudente, venal até. E o cronista tem que se ver, sempre, com essas duas restrições. Uns o tomam como uma ameaça à limpidez dos fatos e ao apego à verdade que norteiam, por princípio, o trabalho jornalístico. Outros, por seus compromissos com os fatos e com as miudezas do cotidiano, como um perigo para a liberdade e o assombro que definem a literatura.

E assim fica o cronista, um cigano, um nômade a transitar, com dificuldades, entre dois mundos, sem pertencer, de fato, a nenhum dos dois. Um errante, com um pé aqui, outro ali, um sujeito dividido. E o leitor, se tomar o que ele escreve ao pé da letra, também pode se encher de fúria. Como esse sujeito diz hoje uma coisa se ontem disse outra? Como se descreve de um jeito se ontem se descreveu de outro? Onde pensa que está? Quem pensa que é? Mas é justamente esta a vantagem do cronista: ele não se detém para pensar onde está, ou no que é; ele se limita a sentir e a escrever.

O cronista conserva, desse modo, os estigmas negativos que cercam a figura do forasteiro — aquele que sempre desperta desconfiança e em quem não se deve, nunca, acreditar inteiramente. Vindo sabe-se lá de onde, inspira uma admiração nervosa — como admiramos os mascarados e os clowns, sempre com uma ponta de insegurança e um sorriso mal resolvido no rosto. Errante, ele nos leva a errar — em nossas avaliações, em nossas suposições. Uns o veem, por isso, como um trapaceiro; outros, mais espertos, aceitam aquilo que ele tem de melhor a oferecer: a imprecisão.

Censuramos aos cronistas de hoje sua falta de rigor, seu sentimentalismo, seu apego excessivo ao Eu, seu lirismo, sua falta de propósitos. O que faz um sujeito assim em nossos jornais? — pensam os jornalistas. O que ele faz em nossa literatura? — pensam os escritores. Rubem Braga relatou, certa vez, que seus amigos escritores lhe cobravam, sempre, um grande romance — grande romance que, enfim, ele nunca chegou a escrever. Braga tentava lhes dizer que o romance não lhe interessava, mas só a crônica. E os amigos tomavam essa resposta como uma manifestação de falsa modéstia, ou então de preguiça. Nunca puderam, de fato, entender a grandeza de que Braga falava.

Numa conversa com Rubem Braga, republicada agora em *Entrevistas* (coletânea recém-lançada pela editora Rocco), Clarice Lispector lhe diz: "Você, para mim, é um poeta que teve pudor de escrever versos." E diz mais: "A crônica em você é poesia em prosa." Sempre a suspeita: de que, no fundo, o cronista é um tímido, alguém que se desviou do caminho verdadeiro, alguém que não foi capaz de chegar a ser quem é. Depois de lembrar a Clarice que já publicara alguns poemas, Braga, ele também, talvez por delicadeza, ou quem sabe seduzido pelos encantos da escritora, termina por ceder: "É muito mais fácil ir na cadência da prosa, e quando acontece de ela dizer alguma coisa poética, tanto melhor."

Depois da explosão de gêneros promovida pelo modernismo do século XX, o cronista se torna — à sua revelia, a contragosto — uma figura exemplar. Transforma-se em um pioneiro que, entre escombros e imprecisões, e sempre pressionado pelo real, se põe a desbravar novas conexões entre a literatura e a vida — sem que nem a literatura nem a vida venham a ser traídas. Figura solitária, o cronista se torna, também, uma presença emblemática, a promover simultaneamente dois caminhos: o que leva da literatura ao real e o que, em direção contrária, conduz do real à literatura.

Há na literatura contemporânea um sentimento que, se não chega a ser de impotência, até porque grandes livros continuam a ser escritos, é, pelo menos, de vazio. O modernismo esgarçou parâmetros, derrubou padrões, tirou do caminho um grande entulho de clichês, de formas gastas, de vícios de estilo. Depois de Kafka, Joyce, Proust, depois de Clarice e de Rosa, como continuar a ser um escritor? Como prosseguir em um caminho que, depois deles, se define pela fragmentação, pela dispersão, pelo vazio — exatamente como nosso conturbado mundo de hoje? O escritor já não pode mais conservar a antiga postura de Grande Senhor da escrita. Ele deixou de ser o Mestre da Palavra para se converter mais em um aprendiz.

O escritor foi empurrado de volta a um ponto morto — ponto de recomeço, lugar fronteiriço que se assemelha, muito, ao ocupado pelos cronistas. Foi lançado de volta às perguntas básicas. Por que escrevo? O que é escrever? De que serve a literatura? Posição que, com as devidas ressalvas, podemos chamar de filosófica, pois parte das perguntas fundamentais, aquelas que, desde os gregos, definem a filosofia.

Eis a potência da crônica: sustentar-se como o lugar, por excelência, do absolutamente pessoal. Os líricos, como Vinicius, se misturam aos meditativos, como José Carlos Oliveira, ou aos filosóficos, como Paulo Mendes Campos. Clarice praticava a crônica como um exercício de assombro; Rachel, como um instrumento para desvendar o mundo; Sabino, como um gênero de sensibilidade. Cada um fez, e faz, da crônica o que bem entende. Nenhum cronista pode ser julgado: cada cronista está absolutamente sozinho.

Terreno da liberdade, a crônica é também o gênero da mestiçagem. Haverá algo mais indicativo do que é o Brasil? País de amplas e desordenadas fronteiras, grande complexo de raças, crenças e culturas, nós também, brasileiros, vacilamos todo o tempo entre o ser e o não ser. Somos um país que se desmente, que se contradiz e que se ultrapassa. Um país no qual é cada vez mais difícil responder à mais elementar das perguntas: — Quem sou eu?

Gênero fluido, traiçoeiro, mestiço, a crônica torna-se, assim, o mais brasileiro dos gêneros. Um gênero sem gênero, para uma identidade que, a cada pedido de identificação, fornece uma resposta diferente. Grandeza da diversidade e da diferença que são, no fim das contas, a matéria-prima da literatura.

(Conferência na Academia Brasileira de Letras,
publicada depois em *Rascunho*)

TRÊS | **MÁRIO, O MODERNISTA PRUDENTE**

Dizemos, ingenuamente: "modernismo." Tantos manifestos — o da Poesia Pau-Brasil, de 1924, o Antropófago, de 1928, o Verde-Amarelista, de 1929 — arrebentam qualquer ilusão de unidade. Em sua origem, o modernismo brasileiro parecia um projeto coeso, erguido sobre o Manifesto do Futurismo, que Marinetti publicou em 1909, em Paris. Alguns definiram o futurismo como um "misticismo de ação", outros como uma "religião da velocidade". No modernismo, ao contrário, não há qualquer aspecto místico, ou religioso. Mesmo a "metafísica brasileira", do pré-modernista Graça Aranha, já nasce contaminada pela dúvida.

É verdade, futurismo e modernismo se encontram no mesmo ódio ao passado. Para os futuristas, o rugir de um automóvel tinha mais beleza que a placidez de uma estátua. À frente do modernismo de 1922 está, ainda, a figura imprudente de Oswald de Andrade que, em 1916, já se declarava "futurista". De fato, como sintetizou o crítico Benedito Nunes, o coração do modernismo é "a confiança no futuro". Ainda assim, um ano antes da Semana de 22, Mário de Andrade já protesta quando Oswald o chamava de futurista.

Mário, o prudente, não Oswald, o ansioso, se tornou a figura central do modernismo. Visto pela ótica de nosso século XXI, o modernismo se parece muito mais com a imagem incerta e insatisfeita de Mário. Ao contrário de Oswald de Andrade, Mário se define não pela fúria e pela verborragia, mas pela serenidade e pela prudência. É verdade: mesmo na figura turbulenta de Oswald, um crítico cauteloso como Antonio Candido detectou uma duplicação. "Sempre me pareceu que Oswald de Andrade era dividido ao meio", escreveu Candido, em 1944. O mesmo Oswald que prezava os manifestos e as palavras de ordem se opunha ao parnasianismo, que ele um dia definiu como uma "máquina de fazer versos". Com isso, como sugere Antonio Carlos Secchin em seus *Escritos sobre poesia*, "os modernistas demonstraram seu repúdio ao normativismo". Firmavam, apesar de todos os manifestos que produziram, seu antidogmatismo.

Mário de Andrade um dia se definiu assim: "Eu sou trezentos, sou trezentos e cinquenta". Expressão, agora, tomada de empréstimo para batizar uma antologia de depoimentos sobre o escritor, que sai pela editora Agir. Contudo, o mesmo Mário arrematou a sentença célebre com um desejo de trégua que a contradiz: "Um dia afinal eu toparei comigo". Ao contrário de Oswald — com quem ele rompeu relações em 1929 —, Mário se esquivava das luzes do escândalo. A ainda hoje obscura temporada que passou no Rio de Janeiro, entre 1938 e 1940, é prova disso. Quando, depois de ser demitido do

Departamento de Cultura, fragilizado pelo peso das disputas políticas, se mudou para o Rio, o escritor tratou de avisar aos amigos que o acolhiam na cidade: "Quero escuridão, não quero me vingar de ninguém, quero escuridão."

É o próprio Mário quem, em verso célebre, fala de "milhares de gatos escondidos por detrás da noite incerta". A preferência pela discrição e pela prudência, no fim, resume a figura de Mário de Andrade. A verdade é que, no modernismo de 1922, cabe quase tudo — tanto que, por longo tempo, Mário e Oswald conseguiram nele conviver. Em um dos saraus da Semana de Arte Moderna de 22, o poeta Menotti del Picchia sugere: "Não somos, nem nunca fomos futuristas. Eu, pessoalmente, abomino o dogmatismo." Este antidogmatismo permitiu que tanto o "terrorista intelectual" Oswald como o judicioso Mário fossem, cada um a seu modo, modernistas.

O mais impressionante em Mário de Andrade, cuja obra podemos agora reler nas novas edições da Agir, é o modo como se aproveita de suas próprias incoerências. "Em nenhum poeta moderno mais do que no sr. Mário de Andrade se poderá sentir esta contradição própria da poesia moderna: a de um pensamento que procura a sua forma", sintetizou o crítico Álvaro Lins em *Os mortos de sobrecasaca*. Lins admirava a inquietação de Mário e sua luta feroz contra os rótulos. "Poucas obras como a sua refletem o espírito de um movimento coletivo: com as suas inquietações, com as suas verdades, com os seus erros, com os seus problemas, com as suas esperanças."

Com sua prudência e sua inconstância interior, Mário de Andrade se tornou o nome síntese do modernismo. Podemos dizer mais: se tornou o próprio modernismo. A partir dele, ninguém mais pôde se declarar modernista, ou repudiar o modernismo, sem a ele se referir. As melhores ideias de Mário, como se sabe, estão no célebre "Prefácio interessantíssimo", que escreveu para *Pauliceia desvairada*, livro de 1922. No "Prefácio", rompendo de vez com qualquer ilusão dogmática, ele faz sua aposta na polifonia e na liberdade. Abre, com isso, um abismo sobre o qual a literatura brasileira moderna se funda, ausência primordial da qual não poderá mais se livrar.

Junte-se ao "Prefácio" o ensaio *A escrava que não é Isaura*, de 1925, que consolida a posição de Mário como o grande teórico do modernismo brasileiro. "Há, com efeito, muitos Mários de Andrade, além dos já conhecidos, que irão se revelando aos poucos", escreveu Antonio Candido um ano após a morte do escritor. Pensando em Mário, podemos roubar as palavras de Candido a respeito de Vinicius de Moraes: "Os poetas que valem realmente fazem a poesia dizer mais coisas do que dizia antes deles." Morrem, mas continuam a falar e a nos surpreender.

A literatura de Mário de Andrade se caracteriza por dois aspectos aparentemente incompatíveis: o pluralismo e a cautela. Só um espírito antidogmático pode conciliar esses dois aspectos, transformando-os em fundamentos — como faz em carta de 1942 ao jovem Fernando Sabino — da "desconfiança de si mesmo". Para Mário, a arte deriva da insatisfação, não da certeza. Descontentamento que ele nunca escondeu nem mesmo a propósito de seu livro mais celebrado, o romance *Macunaíma*. Em outra carta ao jovem Sabino, ele diz: "Exijo de você que aceite os meus exageros e até contradições." Mário estava sempre pronto para sofrer influências. Espantava-se com um poeta como Olegário Mariano, de quem se dizia que Mário jamais lia um livro "para não se influenciar". Para Mário, é da vulnerabilidade, e não da rigidez, que um escritor se alimenta.

Em 5 de março de 1939, Mário de Andrade faz, no *Diário de Notícias*, do Rio, sua estreia como crítico literário regular, em substituição ao mineiro Rosário Fusco. Já no primeiro artigo, é enfático: "As classificações são meros verbalismos. Só têm valor bibliográfico. E eu renego os fichários mentais." Afirma, ainda, o caráter ficcional da crítica literária, ideia que, até hoje, incomoda a maior parte dos críticos. "A crítica é uma invenção, do mesmo modo que a obra de arte é uma invenção." Em artigo publicado no mesmo jornal em agosto seguinte, bate-se contra os que (atiçados pelos apelos coloquiais do modernismo) defendem uma literatura "simples" — como sinônimo de literatura nacional. Escreve: "Não é a simplicidade que se deve recomendar e elogiar." Para Mário, a lei moral do artista digno era "se realizar cada vez melhor em sua personalidade". Ser simples, ou ser confuso, é uma consequência, não uma escolha.

Desde os primeiros momentos, Mário suspeitou dos aspectos rebeldes e "destruidores" do movimento modernista. Em *Aspectos da literatura brasileira*, diz: "Todo esse tempo destruidor do movimento modernista foi para nós tempo de festa... de cultivo imoderado do prazer. E se tamanha festança diminuiu por certo nossa capacidade de produção e serenidade criadora, ninguém pode imaginar como nos divertimos." De novo, um apelo à moderação e à prudência (à cautela, à precaução, à sensatez). Apelos que aniquilam grande parte dos clichês que cercam o modernismo.

Poucas vezes se sentiu tão sozinho quanto no dia em que, em 1929, rompeu a amizade com Oswald de Andrade. Anos mais tarde, em carta a Manuel Bandeira, depois de externar seu desprezo pelo poeta Raul Bopp, ele resume seus sentimentos: "Mesma coisa com o Osvaldo de Andrade, que no entanto eu odeio friamente, organizadamente, a quem certamente não ofereceria um pau à mão, para que ele se salvasse de afogar." E, mais à frente: "Fomos demasiadamente amigos para que eu possa detestá-lo pelo que ele me fez. Mais o detesto pelo que ele não fez." O sentimento de abandono é indiscutível.

A admiração de Mário por Jorge de Lima, "poeta dominado pela prudência", como ele o define, ilustra essa posição solitária. Sim, por Jorge de Lima, um poeta, ele diz, "que se despreocupa em inventar". Admira também a pintura de Portinari, cujos trabalhos lhe ensinam que, "mesmo obedecendo a todas as regras da construção do corpo humano, é possível desenhar um corpo humano completamente errado". Mário, que se considerava, mesmo depois de *Macunaíma*, mais um estudioso de música que um criador, cultivou sempre essa visão reta de si.

Só mesmo a figura ampla e aflita de Mário de Andrade poderia magnetizar um movimento que foi disforme, heterogêneo e pródigo em contradições. Sem Mário, não haveria modernismo, haveria modernismos. Reler Mário de Andrade hoje é reencontrar um escritor que nunca se permitiu o sossego e que jamais aceitou o conforto de uma solução. Quase um século depois, para sua figura desorientadora ainda convergem todos aqueles que teimam em continuar a escrever.

(Mário de Andrade, "Prosa & Verso", *O Globo*)

QUATRO | **A SALVAÇÃO IMPOSSÍVEL**

A ARTE É A BUSCA OBSESSIVA DA BELEZA. É, AINDA, A CONVICÇÃO profunda de que só a beleza — incorporada a uma tela, a um concerto, a um poema — é capaz de salvar o mundo. Salvá-lo de quê? Da fragmentação, da incoerência, da dispersão, da decadência. Em uma palavra: da fraqueza humana. Como dela nunca nos livramos, ao fim, e apesar da beleza que consegue gerar, a arte só realça nossa fraqueza.

A ideia da arte como remédio para os males humanos é o tema de *A beleza salvará o mundo*, inspirado ensaio do búlgaro Tzvetan Todorov (Difel, tradução de Caio Meira). Antes de pensar na arte e em seus encantos, Todorov se sente obrigado a considerar o que é a beleza. Como defini-la? No mundo de hoje, a beleza está associada à moda, aos cosméticos, ao design, ao sucesso. É sempre assim: o que é belo para um pode ser horrendo para o outro. Todorov pensa, porém, não na beleza como um produto, mas como um sentimento. O que produz o sentimento de beleza — o que faz com que, mesmo uma paisagem desértica, ou uma mulher feia, tenha o poder de apaixonar? Responde Todorov: é a "sensação de habitar plena e exclusivamente o presente".

Vivemos divididos entre o peso das lembranças e a atração fatal pelas utopias. Conservamos um pé no passado, outro no futuro e, no entanto, não habitamos nem passado nem futuro, habitamos o presente. O presente: eis tudo o que temos. Naqueles momentos especiais em que, subitamente e de modo extremo, experimentamos a presença do presente, estamos, na verdade, diante da beleza. A beleza não é um ideal distante, é um efeito da vida.

A beleza, Todorov distingue, é mais que um prazer, ou uma felicidade: ela é o sentimento de uma "realização interior". Vislumbramos a beleza quando somos tomados por um sentimento de plenitude. Muitos têm essa experiência com a religião. Outros, com as ideologias políticas, o engajamento em grandes causas, as aventuras de alto risco. Contudo, a fé sempre pode nos falhar. As ideologias políticas entram em pane, grandes causas nem sempre são grandes e as aventuras podem nos conduzir à morte. A arte, não. Uma tela de Rembrandt, ou de Ticiano. Uma sinfonia de Beethoven, ou de Mahler. O *Quixote*, as *Mil e uma noites*, a *Divina Comédia*. Estão sempre a nos esperar, nunca nos falharão.

Claro, a arte também nos oferece uma sensação fugaz — que se encerra logo que damos as costas a uma tela, ou fechamos um livro. Mas, enquanto a fruímos, conservamos a sensação — que Vinicius descreveu um dia — do "eterno enquanto dure". A beleza não é algo que se vê — mas algo que se vive. Não é algo de que se desfrute, é um ato. Não está no passado, ou no futuro, está entre nós, ou não está.

Grandes artistas, como Oscar Wilde, Rainer Maria Rilke e Marina Tsvetaeva, os três personagens escolhidos por Todorov, ilustram esse elo radical entre arte e vida, entre obra e ato. Ao contrário das religiões ou das ideologias, que buscam o Absoluto coletivo, ele argumenta, a arte busca o Absoluto individual, e as vidas de Wilde, Rilke e Marina ilustram isso. Os três transformaram a célebre sentença de Fiodor Dostoievski, "A beleza salvará o mundo", no sentido de suas vidas.

A busca da Beleza não é, porém, o caminho do Paraíso; ao contrário, ela tem um preço doloroso. Seus perseguidores costumam enfrentar inimigos ferozes e experimentar sofrimentos tenebrosos. Por isso, reflete Todorov, nos dias de hoje, em vez de preferir os santos e os heróis, preferimos "os seres errantes e falíveis como nós mesmos". E quem mais próximo dessa divisão interior que os artistas? "Os heróis imperfeitos de nosso tempo incitam não à imitação ou à submissão, mas ao exame e à interrogação." Servidores da beleza, Wilde, Rilke e Marina não tiveram vidas fáceis. Não se chega à beleza na carruagem esplendorosa dos ideais, mas tomando o atalho nevoento do humano.

Por que eles três? Os três nasceram entre 1848 e 1945. Embora nunca tenham se encontrado, provaram do mesmo desejo amargo. São três seres deslocados de seu centro. Irlandês, Wilde viveu também na França e na Itália. Nascido em Praga, Rilke passou parte importante de seu tempo na Espanha e na Dinamarca. Apesar de ter crescido na Rússia, Tsvetaeva viveu na Alemanha, na Tcheco-eslováquia e na França.

Wilde viveu declaradamente para a beleza, o que se materializa em sua paixão fatal por Lorde Alfred Douglas. Via-se como Apolo, perseguindo (e pagando alto preço por isso) o suave Hiacinto. Em seu célebre *Dorian Gray*, encontramos a frase que sintetiza seu destino: "É melhor ser belo do que bom." A ideia do Absoluto o fascinava. Escreveu: "O verdadeiro artista é um homem que crê absolutamente em si mesmo porque ele é absolutamente si mesmo." Se é a experiência do Absoluto, a beleza pode levar, também, à desgraça. Isso porque, ao tomar a beleza como objeto, o artista se torna seu prisioneiro. O artista, Wilde acreditava, é "um escravo da beleza". Para ele, o gozo da beleza não exclui, ao contrário inclui, a submissão e o sofrimento.

Toda a perseguição sofrida por Wilde em consequência do amor proibido por Lorde Douglas — amor pela beleza — levou-o a uma vida miserável e errante. Destino que o prende ao poeta tcheco Rainer Maria Rilke, para quem a busca do Absoluto justificou todo sofrimento. Apesar das grandes paixões que experimentou, ele prezava, antes de tudo, a solidão. "Uma solidão estável, e não buscarei outra coisa" — e, nesse aspecto, sua vida se parece com a de Franz Kafka, ele também um homem incapaz de se dividir. O amor ideal, pensava Rilke, seria o amor a Deus, "pois Deus não impõe nenhuma limitação ao amante". Amor a Deus, isto é, amor à perfeição. Experiência acima do humano e da ordem do inalcançável.

Acreditava Rilke que se deve preferir a ausência do ser amado à sua presença — porque só assim aumentavam as chances de tocar o Absoluto. Assim como sofria de uma necessidade imperiosa de ser amado por uma mulher, o que o aproximava de Don Juan, o poeta acreditava que nenhuma mulher corresponderia a seu desejo. Dela chegou um pouco mais perto na paixão que viveu com a pianista Magda Von Hattingberg, a quem chamava de "Benvenuta". Nas cartas à amada, reflete com um pouco menos de descrença sobre a possibilidade de aproximar vida e arte, isto é, de enfim tocar a beleza.

O objetivo do poeta, dizia Rilke, não é explicar o mundo, mas "vê-lo por dentro". Comenta Todorov: para Rilke, o poeta se assemelha a um cão, "que não deseja atravessar o mundo com o olhar, à maneira de um sábio, mas se instalar em seu interior". Esse instalar-se dentro do mundo — como um cão que se aninha em sua poltrona — levaria à beatitude. Seria, na verdade, a mais perfeita manifestação do sentimento de beleza. Rilke apostou tudo no amor por Magda (identificou-a com a beleza) e, quando esse amor fracassou, escreveu à amiga Lou Andreas-Salomé: "Não estive à altura de uma tarefa pura e radiante." Passa a se ver como um homem doente, sempre aquém de seu ideal absoluto. Em uma carta póstuma à amada, sintetiza: "Não ousei, não me acreditava capaz de segurar o Sol." O Sol é a beleza, que não se pode tocar, ou nos queimará.

Rilke foi um dos autores favoritos de Marina Tsvetaeva, a grande poeta russa, tradutora das célebres *Cartas a um jovem poeta* para o russo. Suas concepções a respeito da arte como uma elevação os aproximam. Escreveu Marina: "A poesia é a língua dos deuses. Os deuses não falam, os poetas falam por eles". Via também os poetas como seres errantes, em eterno exílio, já que procederiam do Reino Celeste e estariam perdidos na Terra. Quem busca a beleza, erra. Duplo sentido do verbo "errar": perder-se e falhar.

Também Marina viu a arte não como uma admiração longínqua e intelectual da beleza, mas, ao contrário, como um mergulho em seu interior. A beleza está na obra, mas o artista é arrastado junto. "A arte não é uma emanação pura do mundo espiritual, é uma encarnação." Seria, em consequência, o lugar em que o espiritual e o físico se encontram. Uma encruzilhada, para onde confluem carne e espírito, desenhando o Absoluto. Pregava uma existência à luz da Arte — uma existência em que a beleza se tornasse uma manifestação do Absoluto. Tarefa impossível, fadada ao fracasso, e é por isso que para artistas como Wilde, Rilke e Marina a beleza nunca se separou da dor.

("Eu &", *Valor Econômico*)

CINCO | **O TURVO PRESENTE**

A PASSAGEM DO TEMPO, QUE ESVAZIA TANTAS OBRAS E TANTOS ESCRItores, só engrandeceu o *Poema sujo*, o mais importante de Ferreira Gullar. Trinta anos depois de seu lançamento, em pleno regime militar, ele se mostra não apenas maior, mas, sobretudo, mais vivo. Enquanto o tempo dos militares tendia à imobilidade ("Como se o tempo/ durante a noite/ ficasse parado junto/ com a escuridão"), o tempo democrático, ao contrário, é veloz e impiedoso; em vez de simplificar, complica a realidade; com a mesma rapidez com que consagra, execra. Se artistas, celebridades, políticos, padecem desta corrosão (muitas vezes injusta), que resistência se poderia esperar de um poema?

Pois o *Poema sujo* exibe, três décadas depois, uma atualidade brutal. Mostra seu caráter premonitório e reafirma a posição nobre que Ferreira Gullar ocupa na poesia brasileira do século XX. *Poema sujo*. Por que sujo? São muitas as misérias de que trata o poema. Versos em que Gullar, exilado político em Buenos Aires e retido, assim, no "turvo presente" — confuso, violento, sujo —, busca consolo na fictícia limpidez do passado. Limpidez? A volta ao passado não é uma viagem confortável; é, ao contrário, uma experiência trabalhosa, que se vive em vertigem.

Na cidade estrangeira, Buenos Aires, longe dos seus e de suas coisas, só resta ao poeta partir do que tem de mais íntimo: o corpo. "Meu corpo de 1,70 m que é meu tamanho no mundo/ meu corpo feito de água/ e cinza/ que me faz olhar Andrômeda, Sírius, Mercúrio/ e me sentir misturado", escreve. Uma nebulosa, uma estrela, um planeta vermelho: distâncias vertiginosas que fazem do corpo, poeira. "Toda essa massa de hidrogênio e hélio/ que se desintegra e reintegra/sem saber pra quê", Gullar descreve. Por contraste, apontam a debilidade do homem, mas também sua grandeza.

Corpo cósmico, mas nem por isso metafísico, corpo saturado do real, contagiado pelo real, que "se para de funcionar provoca/ um grave acontecimento na família". E, com mais precisão, o poeta delimita: "sem ele não há José Ribamar Ferreira/ não há Ferreira Gullar." É de si, portanto, cidadão e poeta, que fala; é ele, Ferreira Gullar, o poeta, mas também o homem, quem escreve esses versos. E, escrevendo, descortina clarões sobre o passado, em busca de uma formação que, como se faz em segredo, ele chama de "aulas de solidão".

Para exercer a solidão, o poeta partiu de casa, rumo ao mundo. Da janela do trem, fez a descoberta assombrosa: "aqueles bois e marrecos/ existiam ali sem mim". Deixa de ser o centro do mundo, torna-se um marginal — alguém que, em vez de ser um Eu esplendoroso, espreme-se nas bordas do real.

Os 31 anos que se passaram desde que escreveu seu *Poema sujo* ("às quatro horas desta tarde/ de 22 de maio de 1975/ trinta anos depois" — da infância que lhe foge) tornaram o tempo ainda mais veloz, e o presente mais inacessível. Gullar escreveu seu poema entre maio e outubro de 1975. No fim daquele ano, despachou pelo correio para o amigo Vinicius de Moraes uma fita cassete, em que o lia em voz alta. A gravação é transformada, agora, pelo Instituto Moreira Salles, em um CD que acompanha a edição comemorativa do livro. Vinicius transcreveu o poema e, logo depois, reuniu, no Rio de Janeiro, um grupo de intelectuais e jornalistas para uma primeira leitura pública.

Sem a presença de Gullar, que sobrevivia na Argentina como professor de português, o *Poema sujo* foi, enfim, lançado em 1976. O poeta só voltaria ao Brasil em março de 1977. Foram tempos moles, disformes ("porque não é possível estabelecer um limite/ a cada um desses/ dias de fronteiras impalpáveis"). Diluição que se adensava à noite, "porque de noite/ todos os fatos são pardos,/ e a natureza fecha". Ainda assim, o poeta gostava de caminhar pela noite, "sob a fantástica imobilidade/ da Via-Láctea". Sob o céu escuro, descobria diferenças sutis, como a que separa a "noite da lamparina" da "noite da eletricidade".

Ali, refletia sobre a noite dos miseráveis, na favela da Baixinha, em S. Luís: "a noite na Baixinha/ não passa, não/ transcorre:/ apodrece". Para entender a noite proletária, a mais difícil das noites, o poeta prossegue, é preciso entender "que um rio não apodrece do mesmo modo/ que uma pera". É preciso embrenhar-se no desfiladeiro das diferenças, mesmo se a noite, com sua vocação mentirosa, se esforça para tudo igualar. Assim, também, "um rio não apodrece do mesmo modo que uma perna", ele constata. Cada coisa é seu caminho, cada coisa é o movimento que faz.

Daí o *Poema sujo*, bicho-poema que se enrosca, que gira sem direção, contaminado pelas ventanias do real. Ainda agarrado à fantasiosa firmeza do passado, o poeta chega à vida parada de Newton Ferreira, o quitandeiro, seu pai. Para encher o vazio do tempo, debruçado sobre o balcão do armazém, ele lia o *X-9*. Para sair de si, mergulhava em um mundo de gângsteres americanos, enquanto logo dali, no trânsito da avenida, a tarde, ao contrário, passava rápida, "ruidosamente".

O pai é a semente da qual o mundo se desenrola. Sua memória lhe ensina os vários ritmos (os vários movimentos) de uma tarde. Os vários mundos que, cada um a seu modo, se desenrolam do mundo. Debruçado no balcão, lendo seus contos policiais, Newton Ferreira "nada sabe das conspirações/ meteorológicas que se tramam". Mundos paralelos, mundos invisíveis, mundos que se sobrepõem, se anulam e se chocam — mundos impensáveis entre as prateleiras da quitanda de Newton, onde "o tempo não flui/ antes se amontoa".

O poeta se agarra às prateleiras, mas nem assim escapa do presente. Recuperar o passado, ainda mais um passado de nódoas e de borras, é tarefa impossível. "Nem a pé, nem andando de rastros,/ nem colando o ouvido no chão/ voltarás a ouvir nada do que ali se falou", ele admite. Na distância, ainda assim, consegue juntar alguns cacos da cidade de S. Luís do Maranhão — cidade suja, ela também — que um dia habitou.

De exercício de memória, o *Poema sujo* se converte em uma reflexão sobre a eternidade e o modo como — no mundo veloz de hoje — dela cada vez mais nos afastamos. "O certo é que/ tendo cada coisa uma velocidade/ [...]/ cada coisa se afasta/ desigualmente/ de sua possível eternidade", escreve. Eis a sujeira: o real que prende e corrompe, o presente perpétuo em que nos debatemos. Quanto mais avançamos, mais distantes estamos não só do eterno, mas do perfeito. Daí não ser na imobilidade do eterno que se vê melhor, mas, sim, na sujeira do movimento. Não é na paz do passado (quando todos já se foram) que se vê melhor, mas nas ondas turbulentas do presente.

Poeta do movimento e do agora, Ferreira Gullar se espanta com as coisas que o passado devorou e que não podem mais retornar; mas se assombra, mais ainda, com a força do presente. "Se é espantoso pensar/ como tanta coisa sumiu/ [...]/ a isso/ responde a manhã/ que/ com suas muitas e azuis velocidades/ segue em frente/ alegre e sem memória". É no presente, e em sua sujeira, que está a liberdade.

O presente é a matéria do *Poema sujo* — e é espantoso que, trinta anos depois, o presente, apesar de nos carregar dentro dele, se torne cada vez mais opaco. Presente instável, indecifrável, em estado de contínua cerração. No nevoeiro espesso do agora, as coisas guardam várias velocidades, o dia tem vários centros, o mundo gira e gira, sem parar. E é nessa sujeira que, se observamos com cuidado, encontramos sua riqueza.

A cidade tem vários ventos, vozes, falas. "E são coisas vivas as palavras/ e vibram de alegria do corpo que as gritou", ele diz. E essas vozes e falas, como as coisas, não estão apenas em si, mas estão no outro. Estão, a rigor, fora de si. "Cada coisa está em outra de sua própria maneira/ e de maneira distinta/ de como está em si mesma", o poeta descreve. Sair de si para ser o outro, nos faz ver o *Poema sujo*, é a melhor maneira de voltar a si. A única que, ao nos descentrar, nos faz coincidir com o que somos.

(Ferreira Gullar, *Rascunho*)

SEIS | **AS MÃOS SUJAS DE ONETTI**

A LITERATURA É UM POÇO PROFUNDO, EM QUE O CHÃO NOS ESCAPA. Uma vez em seu interior, nada mais devemos esperar. Ficções não existem para fornecer respostas, ou para construir soluções; existem para nos afastar do sono das certezas. Para nos despertar.

Publicado em 1939, *O poço*, primeiro livro do uruguaio Juan Carlos Onetti (Planeta, tradução de Luis Reyes Gil), é uma primorosa aplicação desses princípios. Estranha aula da qual saímos espantosamente despertos, mas com as mãos sujas. A nova edição brasileira traz, ainda, *Para uma tumba sem nome*, novela de 1959.

Onetti (1909-1994) exerceu uma influência profunda sobre escritores como Mario Vargas Llosa e Julio Cortázar. A visão amarga que tinha do mundo, no entanto, contaminou sua imagem. Ninguém tem dúvida de que foi um dos mentores do *boom* latino-americano. Mas uma literatura interessada na decadência, na sordidez e na miséria, em um momento de afirmação e expansão, era muito incômoda. Ainda hoje é.

Todos os elementos desse mundo abandonado, entregue à fúria do acaso, aparecem em Eladio Linacero, o narrador de *O poço*. Aos 40 anos de idade, trancado em seu quarto, o protagonista de Onetti passa sua vida em revista. Antes de enfrentar a si mesmo, deve enfrentar a escrita. "Está certo que não sei escrever, mas escrevo." É do desconhecimento que precisa partir.

Seu relato se transforma em uma inspirada viagem pelos bastidores da narrativa. Grande labirinto, emporcalhado de destroços, dentro do qual o escritor avança, recua, tenta novamente, volta a fracassar; em que o escritor está sempre em falta consigo mesmo. A vida foi para Eladio — como no interior dos labirintos — uma odiosa repetição. Ao recordar um episódio erótico da adolescência, constata que o viveu "como se fosse alguma coisa que já tivesse acontecido e que era inevitável repetir".

O mundo de Eladio Linacero — assim como o de Juan Carlos Onetti — se define pela imobilidade. A miséria não vem de trágicos acontecimentos, ou catástrofes, mas da imunda crosta de miudezas que asfixia a existência. Já na primeira experiência erótica, com a jovem Ana Maria, vivida sem nenhum desejo, o amor se reduz à violência. A moça, por fim, lhe cospe na cara.

Anos depois, recebe a visita insistente da alma de Ana Maria, que faleceu pouco depois de encontrá-lo. Os passeios da morta se misturam a outras lembranças igualmente cinzentas. Enquanto escreve, Eladio luta contra o desejo de destruir o que escreve. Custa-lhe aceitar que a literatura "é isto, nada mais que isto" — ou seja, literatura. Um escritor escreve e escreve, mas, no fim, continua no mesmo lugar, com as mãos sujas, mas vazias. A escrita — como um espectro que se limita a sondar o real, sem nele interferir — não salva ninguém.

Iludido a respeito dos poderes da linguagem, Eladio busca o erro dentro de si. Crê que fracassa, porque algo lhe falta. Nada lhe falta. São as palavras que, insuficientes, nunca correspondem às coisas. O difícil, para um escritor, é aceitar que a literatura, para ele, é tudo — e que, ainda assim, não leva a nada.

A realidade lhe parece contaminada e indigna de confiança. Só confia em duas pessoas que, como ele, habitam as margens do mundo: a prostituta Ester e o poeta Cordes. "Não há ninguém que tenha a alma limpa, diante de quem seja possível desnudar-se, sem vergonha." Se os escolhe, é porque Ester e Cordes conseguem — por insuficiência, e não por mestria — lhe corresponder. É no fracasso que se encontram.

Os três dividem um sentimento sem nome, que Eladio chama de "tristeza cósmica". Mal provocado, acredita, pelo excesso de pensamentos. Gostaria de escrever menos e de pensar menos. "Que força de realidade têm os pensamentos das pessoas que pensam pouco e, principalmente, que não divagam."

Mais que memórias, *O poço* é uma longa divagação sobre o ato de escrever. Os pensamentos o erguem e Eladio flutua. É jogado para um lado e para outro. Só uma coisa o sustenta: a esperança vaga de se apaixonar.

Descreve Eladio: "É tudo um pouco nebuloso, tristonho, como se estivesse contente, bem-agasalhado e com um pouco de vontade de chorar." Está envolto em uma espécie de névoa, que nunca se desfaz. A imaginação é uma grande borra.

Mesmo à noite, Eladio tem muitos sonhos. Tenta relatá-los, mas sempre fracassa. "Um sonho só se expressa no próprio sonho."

A imaginação — a literatura — não admite tradução, ou condensação.

Vive, é verdade, uma paixão vaga por Ester. Mas jamais pagaria para sair com ela. Não que a idealize. "Era tão estúpida como as outras, avara, mesquinha, talvez um pouco menos suja." Alguma coisa, ainda assim, o prende à prostituta. Não há outro nome: paixão.

Naquele momento, está livre: se divorcia da mulher, Cecilia Huerta. Mesmo a separação, porém, se assemelha a um teatro. "Já não se tratava de nós." Casamento e divórcio são duas formas de narrar uma vida. Todo divórcio é o mesmo divórcio. Todo casamento, o mesmo casamento. A força medonha das narrativas o achata.

Tampouco acredita na verdade. Cogita Eladio: "Dizem que há diversas maneiras de mentir; mas a mais repugnante de todas é dizer a verdade." Para ele, a verdade inteira oculta a alma dos fatos. Não que os fatos contenham grande coisa; ao contrário, estão sempre vazios também. Dizer a verdade, pensa Eladio, é atribuir a ela um conteúdo que não tem. Meia verdade é mais verdade que toda a verdade. Mais verdadeira ainda é a mentira da ficção.

Por isso, talvez, Onetti sempre preferiu a literatura: porque ela despreza a pretensão do saber e se submete à parcialidade da mentira. É isso, talvez, o que chamam de seu pessimismo: a consciência de que as coisas são inatingíveis e de que tudo o que nos resta é rondar em torno delas. E fazer dessa ronda a existência.

Daí a fé de Eladio nos pensamentos. Antes de dormir, tem a mania de pensar em coisas que gostaria que acontecessem. Esses devaneios o consolam. Não chegam a acontecer, nem é preciso que aconteçam; basta que, através deles, continue a respirar.

Eladio não tem ilusões a respeito das místicas que prometem libertar o mundo. Estamos condenados à particularidade, que nos empurra para a repetição. "Atrás de nós, não existe nada", ele pensa. "Um gaúcho, dois gaúchos, trinta e três gaúchos." Não existem verdades ocultas; nada que nos eleve, ou que nos salve. Cada um é como é — e no fim dá tudo na mesma. A isso chamam de pessimismo, mas Onetti nos leva a pensar que talvez não seja.

Se, em Onetti, não há espaço para uma mística, há lugar para a poesia. Ela se encarna na figura do poeta. Quando Cordes lê um de seus poemas, que tem o título desconcertante de "O peixinho vermelho", constata Eladio, as coisas se deslocam e o mundo muda de lugar. "Seus versos conseguiram apagar a sala, a noite e o próprio Cordes", descreve. Sim: a poesia pode mudar o mundo.

A poesia ocupa todos os lugares; põe em questão todas as posições; desloca todas as peças do jogo humano e todas as certezas. Em vez de elevar — como faz a mística —, debruça o homem sobre si e o leva a rastejar no que é. "Tudo havia desaparecido desde os primeiros versos", escreve Eladio. Tudo o quê? As coisas que o homem sustenta como verdadeiras.

Poetas, contudo, não formam uma sociedade secreta. Eladio narra para Cordes alguns dos relatos fantasiosos que conta para si mesmo. Enquanto narra, observa o amigo. A face de Cordes se transfigura. "Não era a incompreensão que havia em seu rosto, mas uma expressão de pena e distância", constata. Um silêncio espesso — como uma grossa rede armada para apanhar peixes inexistentes — se instala entre eles. Percebe Eladio: "Algo havia morrido entre nós."

Sem esperança, Eladio retorna à escrita. As notas que toma formam *O poço*. Desanimado, conclui que a vida é só "a passagem de frações de tempo". Escapa-lhe que, com sua escrita, ele dá um sentido a essas frações. Sente-se distante de tudo: "A noite me envolve; cumpre-se como um ritual, gradativamente, e eu não tenho nada a ver com ela." O mundo é arbitrário e inapreensível. Justamente por isso, Onetti apostou todas as fichas na literatura.

(Juan Carlos Onetti, "Eu &", *Valor Econômico*)

SETE | O FALSO PESSIMISTA

Assim que me engajei nesta montagem de *Esperando Godot*, de Samuel Beckett, dirigida por Flávio Stein, ouvi de alguns amigos sinceros uma advertência. Saberia eu, de fato, o que estava fazendo? Teria consciência do abismo que tomava como caminho? Esses amigos admiravam minha coragem por me envolver na encenação de um texto tão melancólico e depressivo, diziam. Perguntavam-se, no entanto, se era o momento adequado para isso. "Beckett é triste demais, e nossos tempos já são bem duros", um deles argumentou. As raras montagens de *Esperando Godot* teriam provado que não se pode montar Samuel Beckett sem tocar no insuportável e — para citar o próprio Beckett — no inominável. E, por isso, esses amigos queridos se preocupavam comigo. "O mundo de hoje exige ideias mais práticas e mais simples", outro me disse. Ah, a amizade, que, tantas vezes, se parece com a incompreensão!

Meus amigos não estão sozinhos em sua aflição. Samuel Beckett (1906-1989) é sempre incluído no rol dos grandes pessimistas e dos incorrigíveis melancólicos. Convidar alguém para assistir a uma montagem de Beckett é, acredita-se, fazer um convite para o desassossego e o desconforto. Certo: se você quiser, aceite, mas não marque um jantar para depois, pois não conseguirá fazer a digestão, diz-se. As provas disso começariam na biografia de Beckett. Nascido em Dublin, Beckett passou, no fim dos anos 1920, uma temporada em Paris. Lá, tornou-se amigo de James Joyce, de quem chegou a servir como secretário. De volta à Irlanda, ele tentou uma carreira universitária, mas, com um temperamento introspectivo e disperso, não se adaptou à vida acadêmica. Estabeleceu-se em definitivo em Paris — como um fracassado, ou mesmo um fugitivo, em geral se pensa — no ano de 1938. Talvez ele mesmo, Samuel, pensasse isso. Mas o que isso importa?

Na grande trilogia narrativa que Beckett escreveu no início dos anos 1950 (*Molloy* e *Malone morre*, ambos de 1951, e *O inominável*, de 1953), diz-se ainda, evidenciou-se seu interesse (doentio, talvez) pelos monólogos, circulares e fechados, que ilustram o isolamento e o tédio do homem. De fato, os personagens de Beckett se movem dentro dos limites estreitos do conhecimento. Experimentam, muitas vezes, o abismo que separa o homem de seus semelhantes. E se asfixiam na grande garganta de silêncio em que a linguagem se evapora. Mas chega! Daí afirmar que Beckett foi um pessimista vai outro abismo ainda maior. Ver o mundo como ele é, ainda que o pior dos mundos, não significa desistir deste mundo. Muitas vezes, não ver é a forma mais rápida de fugir.

O gosto de Beckett pelo silêncio, e também pelas grandes falhas e hiatos que marcam *Esperando Godot*, seu mais célebre texto para o teatro, pode — e deve! — ser visto de outra forma. Tanto na prosa como na dramaturgia, Beckett trata, de fato, do inominável — daquilo que nome algum consegue designar. É da falência das palavras, de seu fracasso primordial, dos limites estreitos que definem o existir, portanto, que ele faz sua arte. Mas seu olhar sobre o mundo humano não é pessimista, ou decadente. Ao contrário: se ele escreve para enfrentar impasses, tira disso uma força incomum. Uma irresistível — ainda que precária, ainda que perplexa — vontade de viver. Parece com uma dor, parece insuficiente e perigosa, mas a vida não é isso?

Seu interesse pela palavra exata e pela precisão — como em outro suposto pessimista, João Cabral de Melo Neto — é, na verdade, indício de que a escrita, para Beckett, era uma faca (uma "faca só lâmina", diria Cabral). Instrumento perigoso, mas também frágil, que, em vez de significar e explicar, perfura e interroga o real. O pessimismo de Samuel Beckett, para muitos, se estampa na fisionomia que ele ostentou na maturidade. Rosto fino, olhos azuis e aguados como que diluídos em uma tempestade, pele riscada em grossas rugas (como cicatrizes), sobrancelhas em desalinho, nariz em aguilhão, Beckett carregaria no próprio rosto as marcas de um homem que, porque nada mais esperava além da glória literária, seria a própria imagem da decepção.

A hoje clássica biografia do escritor assinada por James Knowlson (*Damned to Fame: The Life of Samuel Beckett*, lançada originalmente em Londres e inédita no Brasil) mostra que existe muito mais sob essa máscara tão pobre. Knowlson realça a imagem dissonante de um Samuel Beckett piadista, com sentimentos fortes e alma calorosa, capaz de debochar do mundo e de retirar do sofrimento um impulso para viver. Beckett não foi só um homem que sofria de uma "vertigem metafísica", embora isso também seja verdade. Insiste-se sempre na vertigem, como que para afastá-lo de nós e enfurná-lo na galeria distante dos "homens especiais". Talvez dos loucos, ou dos doentes. Mesmo que seja dos gênios...

Lida nessa perspectiva, de um Beckett solitário e sofredor, *Esperando Godot* seria a prova cabal da inutilidade da espera. Seja Godot um deus (god), ou o que for (quem sabe não é o próprio Pozzo?), seria, de qualquer forma, um inútil. Vladimir e Estragon gastam seu tempo e sua vida esperando alguém ou algo que nunca chega. Mas é talvez porque nunca chega, e prolonga a espera ao paroxismo, transformando-a no próprio motor do existir, que a presença/ausência de Godot se torna poderosa. Sim, podemos (devemos) ler (e assistir) *Godot* de outra maneira: a peça não é só um sobrevoo sobre a falta de sentido da vida, ou a falência de existir. É também isso, é claro, mas não se detém aí, pois Beckett não era de desistir por tão pouco. Se Vladimir e Estragon persistem em sua espera, ela já não é um fracasso, ou uma inutilidade — ela é a própria face do real. Vivemos assim, em trânsito e à deriva, aguardando sempre o passo seguinte, e é isso o que nos movimenta. Se alguns aí afundam por falta de coragem, isso pouco diz a respeito das possibilidades do homem.

Não foi fácil chegar a *Godot*. Em 1941, Beckett se engajou na resistência ao nazismo. Tempos depois, foi obrigado a se refugiar no campo. Empregou-se como agricultor e em troca recebia apenas um prato de comida. Foi só no fim da guerra que Beckett, enfim, tomou posse de sua literatura. Foi tudo muito difícil. Em 1950, sua mãe morreu. Por um bom tempo, ele viveu só de uma pequena herança paterna. Ele e sua mulher, Suzanne Déchevaux-Dumesnil, se instalaram em um modesto apartamento da rue des Favorites, em Paris. Levaram uma vida modesta. A primeira montagem de *Esperando Godot* estreou em 3 de janeiro de 1953, no Théâtre de Babylone, com direção de Jean-Marie Serreau. *Godot* significou, na vida de Beckett, uma virada. Só depois dela conseguiu comprar um pequeno estúdio e ter uma rotina mais tranquila de escritor.

Mas também *Godot* está cercada de lendas. A montagem mais célebre da peça, e talvez a mais radical, aconteceu em 1957, quando a San Francisco Actor's Workshop a encenou em uma penitenciária, para uma plateia de quase quinhentos prisioneiros. Os presos aplaudiram a história de Vladimir e Estragon com grande entusiasmo. Desde então, esses aplausos são apresentados como mais uma prova de que *Godot* trata de um mundo sem saída. Um mundo vazio e absurdo, como o inferno dos presídios. Absurdo? Eis outro rótulo com que, muitas vezes, se reduz o trabalho de Beckett. Teatro do absurdo, se diz. E assim — mas que grande alívio! — empurramos Samuel Beckett para bem longe de nós.

Reli várias vezes a peça de Beckett. Assisti a dois meses seguidos de ensaios dirigidos por Flávio Stein. Vi e revi e revi — e quanto mais me envolvi com a peça, mas me convenci de que Beckett não só não foi um pessimista, como é um escritor radicalmente centrado em nosso tempo. Antes de tudo: um escritor vital. O avançar dos anos arranca *Godot* da lenda do absurdo e a joga em nosso colo. Vladimir e Estragon são, por certo, dois homens espremidos e tensos. Mas todos estamos limitados por uma existência curta, recursos instáveis e ideias que quase nunca dão conta do real. E nem por isso Vladimir e Estragon desistem. Não, eles não se apoiam em ilusões, não se salvam através da rebeldia cega ou, ao contrário, da pura negação da realidade. Encaram e examinam, com grande avidez, o mundo que têm. E mais ainda: eles o interrogam, o ridicularizam, o testam, o desafiam. Em uma palavra: eles o vivem!

O mundo que habitam está além de qualquer síntese, de qualquer fórmula científica, de qualquer explicação filosófica, de qualquer ilusão religiosa. Tudo o que têm são pedaços, algumas certezas imprecisas, intuições não confiáveis, breves insights — e um grande fardo de dúvidas. Fardo ou tesouro? Contudo, esse mundo tão estreito não os leva a desistir. Ao contrário: ele os leva, sempre, a prosseguir. Os obstáculos não são barreiras que impedem seu avanço. Em vez disso, são pedras e argamassas, os únicos materiais de que dispõem para, às cegas e sem muita certeza de nada, construir não sei se o mundo, mas algo que se assemelha ao mundo. E com que energia eles fazem isso! É nesse construir — inventar — que Vladimir e Estragon vivem e se inventam. Isso é, numa palavra, o existir.

Penso, por contraste, em Pozzo, com sua arrogância, e em Lucky, com sua queda e seu temor. Os dois, sim, acreditaram em extremos, um no poder que se afirma a chicotes, outro na submissão de que se podem tirar pequenas vantagens, migalhas. E, justamente porque acreditam, eles se destroem em sua própria fé. Vladimir e Estragon não têm fé, não têm certezas, não apostam em nada. Vivem do que lhes cabe, ou até do que lhes resta — desse tão pouco, desse alimento tão fraco que é o humano. E, por isso, mesmo perdidos no atoleiro das palavras — pois a linguagem é um grande magma no qual nós, homens, nadamos, em braçadas trêmulas e vãs —, mesmo ali, quase afogados, respiram, debatem-se, riem de seu destino. E disso tiram sentido, um sentido pálido, insuficiente, quase sem sentido — algo que se pode chamar, sem a ilusão de qualquer adjetivo ou objeto, apenas de viver.

Viver como? Viver de quê? Viver para quê? Ora, viver — e isso não basta? Podemos dar respostas parciais, precárias, incertas, sem nos iludirmos com que venham a bastar. Podemos arriscar alguma esperança, mas não devemos levá-la tão a sério. Podemos tão pouco, só palavras gaguejadas, como Vladimir e Estragon em seu diálogo cheio de cortes. E isso, não outra coisa — armas, conquistas, guerras, submissões —, isso, apenas isso, é poder. Poder humano, que pouco pode, quase nada pode. Poder que, reduzido muitas vezes ao silêncio e até à impotência, resume, ainda assim, essa palavra simples e bela que é viver.

Texto de apresentação para a montagem de Esperando Godot, *de Samuel Beckett, realizada por O Círculo/ Núcleo Teatral e pelo Ator Cômico Produções Artísticas, com estreia em julho de 2008, no Teatro Guaíra, em Curitiba. Direção: Flávio Stein. Com: Mauro Zanatta, Rosana Stavis, Leandro Borgonha e Karina Pereira. Cenografia: Alfredo Gomes. Espaço cênico: Guita Soifer. Iluminação: Waldo Leon. Fotografias: Milla Jung. Produção: Josiane Zanatta. Dramaturgia: José Castello.*

(Samuel Beckett, apresentação para montagem de *Esperando Godot*)

OITO | **VINICIUS ATORMENTADO**

VINICIUS DE MORAES, O POETA DA PAIXÃO, FOI TAMBÉM O POETA DO desespero. Sob a máscara do artista feliz, em eterno galanteio com a vida, escondeu-se, durante 67 anos, um homem atormentado, para quem o amor foi não só alegria, mas fardo, e a vida uma sucessão de decepções.

Comecei a trabalhar em minha biografia de Vinicius de Moraes no início dos anos 1990, uma década depois da morte do poeta. A única vez em que o vi, em fins dos anos 1970, contudo, me bastou para perceber, não sem dificuldades, pequenos sinais desse Vinicius desconhecido. Eu era repórter de *Veja*, e o poeta estreava um show no Rio.

A entrevista foi agendada para a hora do almoço. Habituado a trocar a noite pelo dia, Vinicius me fez esperar por quase duas horas. Quando enfim apareceu, os olhos ainda esbugalhados pela noite, a voz lenta e rouca, custei a reconhecê-lo. Era difícil aceitar que aquele homem que me tratava com impaciência e desatenção fosse, de fato, Vinicius de Moraes. Mas era.

A entrevista foi um desastre. Sim, consegui meia dúzia de informações, e algumas declarações banais, que me renderam um texto discreto para a revista. Levei de volta comigo, porém, a imagem de um homem em contínuo desalinho com o mundo. Mais de uma década depois, foi dela que parti para escrever minha biografia.

Ainda hoje, dezesseis anos depois de publicá-la, a figura desse Vinicius atormentado e em descompasso com o mundo me incomoda. Aos admiradores de canções suaves como "Garota de Ipanema" e "Minha namorada", ela parece não só falsa, mas absurda. Aos leitores que se habituaram à leveza de poemas como "Balada das meninas de bicicleta", ou a "Feijoada à minha moda", causa estranheza, ou mesmo repulsa.

Custo a admitir, mas a vida de Vinicius de Moraes foi uma linha irregular, em que os grandes momentos de prazer e euforia se revezaram com descidas íngremes rumo à tristeza e ao desamparo. Os médicos de hoje, provavelmente, o rotulariam de "bipolar". Para além de qualquer diagnóstico, Vinicius foi, sim, um homem de alma duplicada. A paixão pela vida tinha, como avesso, íngremes decidas ao inferno. Quando rapaz, Vinicius desejou ser um poeta do talhe do francês Arthur Rimbaud. Foi um leitor apaixonado de *Uma estação no inferno* e, enquanto escrevia os primeiros poemas, olhava-se no espelho e via Rimbaud. Os versos torturados de seu primeiro livro, *O caminho para a distância*, escrito aos 19 anos, confirmam essa semelhança.

Bem antes ainda, em meados dos anos 1920, quando ainda usava calças curtas, Vinicius rascunhou seus primeiros poemas. Nos corredores do Colégio Santo Inácio, escondia os versos nos bolsos do uniforme, comportava-se como um criminoso. Certo dia, aproveitou a companhia solitária de um colega e desabafou: "Tenho um segredo." Com a voz vacilante, como se revelasse um crime, continuou: "Eu escrevo poemas." Desconhece-se a resposta do amigo de sala. Mas, desde então, a poesia passou a ser, para Vinicius de Moraes, um objeto sombrio e íntimo.

Em 1933, quando publica *O caminho para a distância*, o precoce Vinicius, com 20 anos incompletos, se forma em direito. Na Faculdade do Catete, passa a frequentar o grupo de alunos católicos liderado por Otávio de Faria, o futuro romancista, autor dos treze volumes obscuros de *A tragédia burguesa*. A atmosfera de culpa e de trevas toma conta de sua alma. Um de seus poemas de juventude chegou a ser publicado em *A Ordem*, revista católica fundada por Jackson de Figueiredo e que servia de porta-voz da ortodoxia cristã.

Nos primeiros versos de Vinicius de Moraes, sinal da tristeza que nunca mais o deixaria, a mulher surge como uma figura inocente e inatingível, enquanto o homem não passa de um ser inferior e sujo, indigno de sua companhia. Vista como um fardo, a masculinidade aprisiona os homens em impulsos carnais e arroubos de violência. Ser homem é "sofrer" desse destino. É disso que tratam seus primeiros poemas.

No segundo livro, *Forma e exegese*, de 1935, a imagem do poeta atormentado se aprofunda. Em um poema como "O escravo", ele descreve: "Aqui vejo coisas que mente humana jamais viu/ Aqui sofro frio que corpo humano jamais sentiu." Há um tanto de retórica nesse jovem que dramatiza o mundo e que se vê como uma vítima. Em "O outro", ele diz: "Eu sinto sobre o meu ser uma presença estranha que me faz despertar angustiado".

A nuvem negra só se dissipa quando, em 1939, Vinicius conhece sua primeira mulher, Beatriz Azevedo de Melo, a Tati. Independente, liberal e pragmática, Tati era, naquele momento, uma leitora entusiasmada dos modernistas de 1922. O primeiro sinal dessa guinada íntima está no interesse de Vinicius pelo jornalismo. Mas o conflito interior persiste. Quando começou a escrever crítica de cinema, para *A Manhã*, em 1941, por exemplo, Vinicius se tornou um ardoroso defensor do cinema mudo — que ele via, naquele momento, contaminado pelo "perigo da voz". A repugnância ao cinema falado será, mais tarde, superada. A marca dessa metamorfose toma forma em um poema como "Carta aos puros", escrito em Montevidéu em fins dos anos 1950, no qual Vinicius combate, com vigor, os "homens sem sol" e também "sem sal", que fogem da realidade. Combate a si mesmo.

Num espaço de 41 anos, entre 1939, ano em que se casou com Tati, e 1980, ano em que faleceu, Vinicius viveu uma série de nove casamentos oficiais, afora as incontáveis paixões informais. Viveu, sempre, subjugado pela ideia da paixão. Escravo da paixão — que definiu como um amor que é "eterno enquanto dura" —, quando sentia que ela esfriava, Vinicius não pensava duas vezes: rompia com a amada. Tomou a iniciativa de se separar de sete de suas nove mulheres, confirmando a ideia de uma delas, segundo a qual o poeta, mais que amar as mulheres, amava a condição de apaixonado.

O fato de ser ele o autor das rupturas afetivas não o poupou, porém, da depressão que a elas se seguia. Entre os casamentos, Vinicius afundava na melancolia e se perdia na busca frenética de um novo grande amor. O amor secreto por Regina Pederneiras, arquivista do Itamarati a quem dedicou a célebre "Balada das arquivistas", quando ainda era casado com Tati, se torna um modelo para as relações paralelas com que sempre temperou sua teoria da paixão. Entre as nove mulheres oficiais, apenas Lucinha Proença, a quinta, ao perceber que a paixão esfriava, foi mais rápida que ele e anunciou o rompimento. Talvez por isso tenha sido a única paixão (não falo de amor) que nunca se dissipou. Nona e última, a jovem Gilda Mattoso perdeu Vinicius para a morte.

Nos breves, mas infernais, intervalos de solidão, ele se apegava à bebida e à noite. Nessas horas, fazia uso de recursos enfáticos, chegando até mesmo a evocar (ou a blefar com) a ideia romântica do suicídio. Mas não só a ausência de paixão o levou a esses extremos. Também a ausência de liberdade. Em Portugal, a notícia da decretação do AI-5 o pegou nos bastidores de um teatro. Atordoado, gritava pelos camarins: "Eu me mato! Eu me mato!" Baden Powell, que o acompanhava no show, tentava acalmá-lo. "Pode me prender, eu quebro as lentes dos óculos e corto os pulsos!", o poeta insistia. Só um abraço longo do parceiro amansou sua fúria.

A dor vivida no ano de 1969, quando foi exonerado do Itamarati, por "problemas de comportamento", não motivos políticos, deixou cicatrizes profundas. O célebre bilhete do general Costa e Silva ao chanceler Magalhães Pinto trazia palavras grosseiras: "Demita-se esse vagabundo." A vida dupla de diplomata e showman era inaceitável para os padrões da ditadura militar. Em março de 1969, a célebre Comissão Câmara Canto, grupo secreto criado pelo AI-5 para realizar um expurgo no Itamarati, decidiu, em um relatório confidencial, pela expulsão sumária de Vinicius da vida diplomática. Diz-se, porém, que, nesse documento, nem mesmo os detratores se abstiveram de fazer elogios a sua poesia.

Deprimido pela perseguição política, Vinicius só se recuperou quando conheceu a baiana Gesse Gessy, sua sétima mulher. Mudou-se para a praia de Itapuã, em Salvador. Passou a ser visto com longas batas brancas, ornamentos do candomblé, sandálias de hippie e passou a publicar seus versos em precárias edições artesanais, à moda dos poetas da "poesia marginal". A Bahia era uma festa — mas havia tristeza naquela festa.

Mesmo as paixões fugidias e secretas, como a que viveu, nos anos 1950, com a escritora Hilda Hilst, carregam essa marca. Quando estava apaixonado, Vinicius não suportava a ideia de tristeza. Hilda gostava de recordar o dia em que os dois pararam para um almoço em um restaurante de beira de estrada especializado em cordeiros. Sentaram-se ao lado de uma janela. Do lado de fora, bem ao lado, uma ovelha pastava. "Vamos embora", Hilda lhe disse. "Não vou conseguir comer vendo pela janela o bicho que vou comer." Vinicius só se levantou a contragosto. Apaixonado, nada devia contrariar seu entusiasmo. Desencantado, o mundo se revirava e o sofrimento se espalhava por todos os lados.

As circunstâncias o levaram, muitas vezes, a expor esse lado obscuro, o que aconteceu, por exemplo, quando perdeu o pai, Clodoaldo. Vinicius, que estava no México, recebeu a notícia por telefone. O horror se estampou em um poema dolorido como "Elegia na morte de Clodoado Pereira da Silva Moraes", escrito pouco depois. O primeiro verso fala não só de sua tristeza, mas do sentimento de que ela o perseguia: "A morte chegou pelo interurbano em longas espirais metálicas".

Se a celebração da vida aparece em poemas célebres como "Receita de mulher", ou na "Balada das duas mocinhas de Botafogo", a confissão da tristeza se estampa em um poema dolorido, mas genial como "Poética (II)", que escreveu no Rio em 1960. A abertura resume sua estratégia literária: "Com as lágrimas do tempo/ E a cal do meu dia/ Eu fiz o cimento/ Da minha poesia".

Nos anos do último casamento, com Gilda Mattoso, os sinais dessa tristeza se tornaram atordoantes. Com o passar do tempo, contudo, esse Vinicius deprimido e desesperado ficou esquecido sob a imagem luminosa do "poetinha". Avesso e direito de um mesmo poeta. Uma prova disso aparece no "Soneto de luz e treva", em particular na dedicatória a Gesse Gessy: "Para a minha Gesse, e para que ilumine sempre a minha noite". A luz é das mulheres. Aos homens, mesmo aos poetas, resta sempre o martírio da escuridão.

(Vinicius de Moraes, *BRAVO!)*

NOVE | **POR UMA LITERATURA CLÍNICA**

O MUNDO SE ASSUSTOU COM OS ATOS DE VANDALISMO QUE TOMARAM as ruas de Londres em agosto de 2011. Fala-se em "protestos", mas o objeto da contestação não fica claro. Não surgem palavras de ordem, reivindicações práticas, objetivos políticos. Nada — só os atos, puros e brutos atos de horror, a se desenrolar diante de nós.

Os incendiários de Londres batem-se, talvez, contra o pragmatismo e a frieza do mundo contemporâneo. Atuam, porém, às cegas, deambulam pelas ruas como fantasmas, agarrados a palavras inexistentes. Fazem lembrar um dos maiores personagens da literatura russa: o Homem do Subsolo, de Fiodor Dostoievski. Ele narra seu horror diante do mundo em *Memórias do subsolo* (Editora 34, tradução de Boris Schnaiderman).

Retornamos ao inesquecível relato de Dostoievski com a chegada às livrarias de outro livro: *Um coração inteligente*, coletânea de nove ensaios literários do francês Alain Finkielkraut (Civilização Brasileira, tradução de Marcos de Castro). Bom dizer logo: as posições de Finkielkraut costumam ser polêmicas. Nascido em Paris, em 1949, essas posições o alinham no grupo dos "novos filósofos" franceses, tendência de pensadores que sentem uma forte atração — ainda que "moderna" — pelo conservadorismo. Alguns o chamam de "neorreacionário" — mas os clichês, todos sabem, são perigosas armadilhas. Seja como for, Finkielkraut é um inimigo declarado do mundo contemporâneo. Se isso o leva para trás ou o empurra para frente é outra questão. Suas ideias nos ajudam a pensar o mundo estranho em que vivemos.

Segue Alain Finkielkraut em seu novo livro uma das mais potentes ideias do pensador francês Gilles Deleuze (1925-1995): a de que a literatura tem uma função clínica. Sim: a literatura pode tratar da dor humana, influenciar seu desenvolvimento, abrandá-la. Ela é uma potente máquina de pensar — e o pensamento sempre aponta para alguma cura. Pois, no seu novo livro, Finkielkraut nos traz um ensaio, o sétimo, dedicado às *Memórias do subsolo*. A narrativa de Dostoievski, como se sabe, é o longo discurso de um narrador subterrâneo destinado a certos "senhores" — que, provavelmente, somos nós, seus leitores.

Um discurso de revolta. Daí remeter, imediatamente, ao que se passa naquele mês de agosto em Londres. Uma revolta desgovernada, dirigida a um inimigo difuso: o mundo que nos cerca. Sim: o Homem do Subsolo bate-se contra o pragmatismo e o utilitarismo que regem nossa sociedade. Impossível não compartilhar de seu horror. Ele fala não de grandes temas, mas das mazelas e dores da condição comum. Trata do homem comum, o mesmo que, nas ruas, ainda hoje, incendeia e destrói.

Os Tempos Modernos, argumenta Finkielkraut, têm, desde o *Quixote*, de Cervantes, o desejo prático de melhorar a sorte humana. Com o *Quixote*, a literatura abandonou um mundo de deuses e de epopeias para tratar da vida banal. "Os heróis e deuses gregos não têm cáries nem abcessos dentários", escreve. "Com Cervantes é que esses problemas fizeram sua entrada na grande arte." Com o *Quixote*, a literatura se torna "clínica". Passa a ser não apenas objeto de prazer intelectual, mas objeto de cuidado humano.

Promove o Homem do Subsolo, de Dostoievski, "uma revolta em prosa contra a prosa". Luta por uma prosa viva, que recupere os sentimentos e o ardor da poesia, e que não seja simples jogo intelectual. Investe, assim, contra os Tempos Modernos, dominado pela Razão cega, pelo pragmatismo insensível e pelo utilitarismo. Em vez de seguir os escritores realistas e adotar uma "conversa acima do chão" com seus leitores, procura uma conversa profunda, que mexa nos subterrâneos de nossa condição. O homem moderno só se interessa pelos fatos, pela performance, pelo desempenho. Reduz a vida a eventos de superfície, esquecendo-se do drama humano que ferve em seu interior.

Contra a lucidez moderna, o Homem do Subsolo assume a condição de anti-herói. Alerta-nos, porém, Finkielkraut: "A tentação é grande de saudar no Homem do Subsolo o denunciador premonitório dos grandes e dos pequenos delírios da Razão." Há um risco aí, sim. Há sempre um risco, grande risco, em toda adesão, ou exaltação cega. O desejo de tornar-se um anti-herói, nos mostra Finkielkraut, é ainda um desejo de elevar-se acima dos homens comuns. É uma defesa contra algo que o Homem do Subsolo não suporta: a certeza de que todos, maiores ou menores, somos homens comuns.

A rigor, o Homem do Subsolo se guia pelas mesmas ilusões dos Tempos Modernos. Quer, acima de tudo, a fama, o sucesso, a glória. Não aguenta ser comum — e por isso sua revolta, como em Londres, é incontrolável e cega. Ela o arrasta, e ele se deixa arrastar. Seu grande horror é admitir que, como todos, também ele é "nada" — só um sopro de vida na interminável história do cosmos.

Em desespero, e numa reversão, deseja se igualar aos outros, experimentando a identidade de funcionário. Mas também fracassa. Enraive-se, revolta-se. Escreve Finkielkraut: "Tudo inútil: a zanga não consegue nada; ele não se acalma." Através de uma prostituta, Lídia, ainda tem a chance daquilo que Freud chamou de "a cura pelo amor". Voltemos à literatura: só os livros que amamos guardam um poder curativo. Livros vistos como objetos de utilidade, de progresso material, de competição, não causam alívio algum. Só o amor alivia.

Alerta Finkielkraut: o Homem do Subsolo confunde o "amor de si" com o "amor próprio". É preciso distinguir, com paciência, os dois amores. O **amor próprio**, diz o filósofo, baseia-se em comparações, em medições, em uma competição constante com o outro. Já o "amor de si" observa apenas a si mesmo e está satisfeito "quando nossas verdadeiras necessidades estão satisfeitas". Não é preciso dizer que, na concepção que lhes dá Finkielkraut, é do "amor próprio" — competitivo, baseado na rivalidade — que sofre o homem moderno.

Que sofre o Homem do Subsolo. Ele se bate contra os Tempos Modernos (e isso nos encanta). Mas usa as mesmas armas e os mesmos princípios dos Tempos Modernos (e aqui aparecem seu impasse e sua miséria). Grita por gritar — como os revoltados de Londres. Ainda que seus motivos sejam justos (e parece que são), seu método está contaminado pelo mesmo veneno que combate. Ao entregar-se a uma revolta sem objeto e exercê-la com métodos de que pretende escapar, o Homem do Subsolo se torna, nos diz Finkielkraut, um "carrasco de si mesmo".

("Eu &", *Valor Econômico*)

DEZ | A GRANDEZA DO MENOR

No mundo de rótulos e fórmulas comerciais em que vivemos, os escritores costumam ser aprisionados em imagens rígidas, verdadeiras couraças, que se tornam clichês vulgares e impedem a leitura independente de suas obras. Kafka, o escritor do absurdo; Clarice, a escritora do Eu; Pessoa, o poeta das máscaras — eis algumas das armaduras com que, com a ilusão de que nos aproximamos, na verdade nos afastamos dos escritores e nos protegemos do impacto que a literatura é capaz de gerar.

Daí ser prudente voltar-se para as chamadas "obras menores", livros marginais, desprezados, porque destoam da grande obra, e que em geral são reduzidos a exercícios circunstanciais, ou rascunhos; mas que, na verdade, guardam a alma de um escritor. É o caso de *Noite*, pequena e impecável novela que Erico Veríssimo escreveu em 1952 e publicou em 1954.

Veríssimo escreveu *Noite*, narrativa breve de apenas 134 páginas, no intervalo entre o segundo e o terceiro volumes de sua obra maior e mais consagrada, a trilogia *O tempo e o vento*. Escreveu-a, talvez, como um desafogo pessoal, um exercício de ser o contrário do que os outros diziam que ele era e que provavelmente ele mesmo julgava que era.

Na medida em que experimenta tudo aquilo que descarta em seu grande livro em processo, Veríssimo usa *Noite*, quem sabe, como um exercício de "des-ser". Nela, ele experimenta tudo aquilo que não é e, também, o que parece não desejar ser. Se *O tempo e o vento* tem como grande personagem a história, *Noite* se caracteriza pela imprecisão, e mesmo pelo desdém pelos fatos reais. Se sua trilogia apresenta personagens densos e emblemáticos, como o capitão Rodrigo e Ana Terra, *Noite* nos oferece seres fluidos, que mais se aproximam da fantasia arbitrária e da alegoria do que de homens de carne e osso.

Se a ação de *O tempo e o vento* se desenrola no terreno firme da história e faz do tempo sua matéria, *Noite* — pequena narrativa que, como já anuncia o título, transcorre em uma única noite — concentra o tempo, dele fazendo uma espécie de ralo metafísico que, como um buraco negro, traga qualquer tentativa de ato consequente que se esboce a sua volta. A ação, em vez de avançar sobre a grande colcha de eventos reais, se move em círculos e perfura o real, apontando para seu miolo. Desprovidos de projetos, ou de intenções, os personagens da novela se deixam arrastar pelos acontecimentos e pelos impulsos.

Na verdade, o talho profundo que *Noite* abre na complexa obra de Erico Veríssimo não deveria surpreender. Veríssimo foi o escritor "psicológico", que escreveu livros sensíveis como *Clarissa* e *Música ao longe*. Foi o autor de "romances internacionais", que predominam na fase final de sua obra, como *Incidente em Antares*. Foi, como todos sabem, o autor de grandes épicos, com destaque para o monumental *O tempo e o vento*, romance monumento, com suas mil páginas, que atravessam duzentos anos de História.

Noite é um livro tão dissonante e embaraçoso que, na maior parte das vezes, é simplesmente "esquecido" — como se sua lembrança trouxesse problemas insolúveis, ou provocasse perguntas inconvenientes. Ocorre que, entre todos os livros de Erico, ele é aquele que rompe, com mais vigor, a argamassa de clichês que petrifica sua figura literária. Novela desarmônica, que repuxa a máscara do escritor de "romances históricos" (quando seus grandes personagens épicos são produtos, unicamente, de sua imaginação); do escritor "regionalista" (quando ele ultrapassa as circunstâncias locais e, nos últimos romances, salta para o mundo); e a pior e mais redutora delas, o clichê do "escritor gaúcho" — quando a geografia nada tem a dizer a respeito da literatura.

A leitura de *Noite* ilumina a imagem de Erico Veríssimo com cores e perspectivas inesperadas. Até porque, quanto mais o tempo passa, mais o livro se torna atual. A novela relata a história de um homem sem nome, tratado apenas como O Desconhecido, ou, às vezes, como o "homem de gris". Em uma noite de verão, ele se vê perdido nas ruas. Perdeu a memória, não reconhece as pessoas que encontra, não sabe quem é, nem para onde vai. É nesse estado de sonambulismo que o personagem de Erico Veríssimo atravessa a noite, com a candura de um embriagado.

O Desconhecido carrega em seus bolsos objetos que não lhe pertencem, ou que ele julga não pertencerem. Leva uma carteira cheia de dinheiro. A quem pertence, ele a teria roubado? No pulso esquerdo, traz um relógio de ouro. Assusta-se mais ainda quando encontra em um dos bolsos um lenço manchado de sangue. O que aquele sangue significa? Teria ele cometido alguma violência, algum crime? A notícia de um sujeito que foi assaltado, que teve a carteira e o relógio roubados e que levou uma violenta pancada na cabeça leva o pobre homem a se projetar no papel de criminoso. Há também o rumor de uma mulher achada morta em seu leito, o corpo destroçado a facadas. Desconfia-se do marido, que desapareceu. Será ele o marido?

Noite relata, passo a passo, a ronda do Desconhecido através de um mundo crepuscular e em estilhaços. Conforme se move, é bombardeado por informações que já não sabe para que servem, pois já não pode dizer o que é verdadeiro e o que é falso. O "homem de gris", na verdade, se parece muito com o homem de hoje, também ele com o espírito em fragmentos, asfixiado por um bombardeio de informações que não se completam e não se esclarecem (basta recordar a zoeira infernal produzida hoje pelas CPIs), torturado por desconfianças e por suspeitas, ameaçado por perigos que é incapaz de definir.

O Desconhecido — assim como o homem que vive no mundo superveloz e superinformado de hoje — se move em uma bruma. Seu mundo perdeu a consistência, o sentido e a coerência. Toda ação é inútil. Na noite, ele encontra dois companheiros. Um anão (chamado O Corcunda), um marginal repulsivo que, apesar disso, é quem se oferece para escoltá-lo. E O Mestre, na verdade um ator fracassado, um grande falsificador, espécie de um mundo em que a sabedoria, o equilíbrio e a serenidade foram substituídos pelo cinismo, pela malandragem e pela dupla face. Mundo não mais da identidade, mas da não identidade. Mundo de ideias fanáticas e duras, de pregadores, de detratores e de invasores, em que viver se torna muito difícil.

Esses personagens o conduzem a universos sinistros e limítrofes. Vão a um velório (a morte), ao submundo noturno (a decadência), a um prostíbulo (o corpo reduzido à função de objeto), a uma banal quermesse em um parque de diversões (lugar do jogo, do duplo, das máscaras, do falso). Encontram duas mulheres, O Passarinho e A Ruiva, sempre assim, seres reduzidos a rótulos, a clichês, a disfarces. Vivem, sem ter a certeza de viver.

É verdade: o próprio Erico Veríssimo parece não suportar a visão tenebrosa e radical que nos oferece em seu livro. Com o avançar das páginas, ele passa a se empenhar em salvar seu Desconhecido (e provavelmente se salvar), substituindo a ação bruta por ingênuas páginas "explicativas". Aos poucos, Veríssimo recheia sua narrativa de recordações de infância, sonhos, lembranças remotas, especulações psicológicas. Sem forças para prosseguir no mundo infernal que criou, ele se apega, exausto, às soluções de manual. Como se não aceitasse abandonar seu leitor, ele tenta nos oferecer as chaves do caminho. E, aqui, o livro perde sua força.

Mas nem esse desfecho reticente, essa "solução" que apenas mostra que o próprio Veríssimo não pôde suportar a novela que escreveu, nem isso tira a grandeza de *Noite*. Hoje, meio século depois de sua publicação, o pequeno livro se torna mais atual e mais radical que nunca. Sua leitura revela o caráter futurista e até premonitório da literatura de Erico Veríssimo. Uma literatura que habitualmente se associa ao passado e à memória, mas que, em *Noite*, aponta, com firmeza, para a frente e para o futuro.

Agora que tal futuro chegou, *Noite* nos obriga a redesenhar o retrato oficial de Veríssimo, um autor de muitas faces e de muitas potências, um grande escritor, que não merece ser reduzido à miséria das classificações. E que deixou um livro, um pequeno livro, uma joia, que, lida hoje, sem preconceitos ou prejulgamentos, nos obriga a pensar na longa face obscura, no grande segredo que preside a criação literária.

(Erico Veríssimo, *Rascunho*)

ONZE | **CARLOS APESAR DE DRUMMOND**

POR CAUSA DO PUDOR E DISCRIÇÃO QUE SEMPRE O CARACTERIZARAM, o poeta Carlos Drummond de Andrade é lembrado, em geral, como um caso exemplar da separação entre o poeta e sua poesia. O século XX se pauta por figuras extremas e por uma arte radical. Gerou poetas como o excessivo e apaixonado Vinicius de Moraes, para quem a poesia esteve sempre não só ligada, mas misturada à vida. E um poeta-viajante como João Cabral de Melo Neto, em quem a poesia se confundiu, desde o início, com as viagens e o movimento. Foi o século de Manuel Bandeira, poeta por excelência dos afetos fortes, das imperfeições humanas e das coisas do chão. Nesse século informal e irrequieto, a figura discreta e silenciosa de Drummond, de fato, destoa. Parece quase irreal.

A poesia de Carlos Drummond, contudo, desmente o poeta que a escreveu. Ela trabalha com os materiais transitórios da memória, com os pequenos afetos e com os ainda mais fluidos sentimentos do mundo. É uma poesia que se debruça sobre a existência e a transforma em objeto de decifração. Que já não pode viver sem a vida. Basta pensar em um poema simples como "Drama seco", que está em *Boitempo* e abre com uma pergunta banal: "O noivo desmanchou o casamento./ Que será da noiva — toma hábito, ou se consagra à renda de bilro para sempre?" Ele é apenas um exemplo, entre tantos, do modo direto como Drummond se ligou à realidade. Sem exageros, sem requintes, com a leveza do coloquial.

No entanto, foi Drummond também quem escreveu, em "Aspiração": "Aspiro antes à fiel indiferença/ mas pausada bastante para sustentar a vida". Indiferença, insensibilidade, quase desinteresse: essa é a via que o poeta propõe para enfrentar a existência. Ligada dramaticamente ao real, ainda que com o disfarce da negligência, a poesia de Drummond parece desmentir o homem quase irreal que foi Carlos. Parece, mais ainda, dispensar esse homem. Poesia que prescinde do poeta? Essa é uma ideia que o próprio Drummond desenvolveu, em 1968, na morte de Manuel Bandeira. Está em "Desligamento do poeta", poema guardado em *As impurezas do branco*. "A circulação do poema/ sem poeta: forma autônoma/ de toda circunstância,/ magia em si, prima letra". Ela parece ser uma declaração de princípios, mas é, sobretudo, uma constatação fatalista a respeito do viver. Diz que, seja forte, mundano ou recluso, o poeta estará, de qualquer modo, condenado a desaparecer em seu poema.

Contudo, se lemos a poesia de Drummond com atenção, vemos que o poeta está lá, espremido entre os versos, mas bem inteiro. Talvez em outra forma, transformado em letra — mas suas decisões, suas escolhas, suas imagens, suas palavras são, ainda, a presença de Carlos. Um passeio pela biografia do poeta nos ajuda a ver. Carlos, o menino tímido, passou um tempo como aluno interno da Congregação do Verbo Divino. E depois, como interno dos jesuítas, no obscuro Colégio Anchieta. Os padres, porém, o expulsaram. A justificativa é o que interessa: uma inacreditável "insubordinação mental". Ora, foram os jesuítas, por vias tortas, os primeiros a detectar a singularidade de Carlos. Inquietação interior ("insubordinação mental") que ele sempre se esforçou por desmentir com a vida discreta e algo irreal que viveu — e que nos deu.

Formou-se em farmácia, profissão de homens frios, mas não a exerceu. Professor de geografia e de português, não deu grandes saltos, nem se destacou. Tornou-se, enfim, um burocrata exemplar, que batia ponto no Ministério da Educação, no Rio. Ali, fixou de vez a imagem que parece desmentir sua poesia. Em sua cadeira de funcionário, ao contrário de Vinicius, andarilho da noite e sempre inquieto no amor, e de Cabral, poeta-diplomata, sempre pronto a desembarcar no desconhecido, Drummond viajava para dentro de si. Ali mesmo, em sua cadeira de gabinete, com seu uniforme de burocrata e seu ar distante, sem precisar se apaixonar, ou atravessar oceanos. Desde ali, observou o mundo, não pelas experiências eróticas, ou pela embriaguez das viagens, mas pela lente mais porosa (e calma) da poesia.

Fez poesia, sobretudo, para decifrar o mundo. A seu ver, não existia instrumento mais eficaz para perfurar a grande casca do real do que o poema. Por isso, Drummond tem uma linguagem precisa, tensa, afiada, resultado de sua longa e paciente luta com a linguagem. A poesia é uma arma, que precisa não só ser cultivada, mas aguçada. Assim, como já mostrou Marlene de Castro Correia em *A magia lúcida*, um dos mais inteligentes ensaios já escritos sobre o poeta, a poesia se transforma em um aparelho de indagação metafísica e existencial. Essa poesia se refere ao mundo, sim — está conectada ao mundo e sem ele não pode existir. É o poeta que, discretamente, como o metódico operário vestido com seu uniforme de trabalho, se põe à sombra e se esquiva do poema.

É verdade: o conhecimento do mundo está sempre vedado, não só ao poeta, mas a todos nós. Há sempre "uma pedra no meio do caminho", como diz Drummond em um de seus poemas mais conhecidos, "No meio do caminho", guardado em *Alguma poesia*. O acesso ao mundo se dá, então, pelas laterais, através de artifícios, e com instrumentos que permitem apenas uma aproximação indireta. O mundo é o sol, que não se pode encarar, que exige sempre uma proteção. Esse filtro protetor é a poesia, que não é ciência, não é conhecimento, é pura dança em torno da verdade. Daí ser necessário que o poeta suporte a ambivalência, o paradoxo e, sobretudo, a ausência de respostas. Que trafegue pelas margens e que se contente com uma visão enviesada e imprecisa da existência.

A poesia se torna, assim, o lugar de uma luta interior, onde o poema se defronta com os mais fortes sentimentos do mundo. É Marlene Correia quem nos faz lembrar de uma sentença de Octavio Paz que ajuda a ler Drummond: "Cada poeta inventa sua própria mitologia e cada uma dessas mitologias é uma mistura de crenças díspares, mitos desenterrados e obsessões pessoais." A mitologia de Drummond passa por Minas, passa pelo cotidiano, atravessa o mundo corriqueiro. Mas não é mineira, não pertence ao mundo, não pode ser simplificada, pois é poesia.

É uma mitologia, ainda assim, que não abdica da tensão, já que a relação do poeta com o mundo é sempre de suspeita e de desconfiança. De um poema, na verdade, pode-se esperar tudo. O amigo João Cabral percebia isso muito bem, tanto que, em versos escritos no ano de 1945 e dedicados a Carlos Drummond, diz assim: "Não há guarda-chuva/ Contra o poema/ Subindo de regiões onde tudo é surpresa,/ Como uma flor num canteiro". A poesia de Drummond,

João Cabral mostra, está sempre onde não devia estar: surge das coisas menos esperadas, menos "poéticas", sai de um cotidiano singelo, que parece não suportar (ou merecer) a poesia. E, ainda assim, se gruda a ela.

Há um poema que Drummond escreveu no início dos anos 1950, publicado em *Viola de bolso*, em que, de um modo sutil, ele registra sua perplexidade de poeta. Chama-se "Obrigado" e começa assim: "Aos que me dão lugar no bonde/ e que conheço não sei de onde/ aos que me dizem terno adeus,/ sem que lhes saiba os nomes seus,/ aos que me chamam deputado/ quando nem mesmo sou jurado,/ aos que, de bons, se babam: mestre!/ inda se escrevo o que não preste..." Poema pouco citado pelos estudiosos do poeta, ele aponta elementos cruciais da poesia de Carlos Drummond de Andrade. A certeza de que as homenagens à poesia não devem ser confundidas com as homenagens ao poeta — o que assinala o caráter autônomo da invenção poética. O anonimato, contra todas as ideias de consagração e de mito, que sustenta a imagem do poeta como a de um homem que faz o que não escolheu e que existe apesar do que escreve. A distância que separa o poeta de seus leitores, o que comprova o caráter mágico da poesia, estranha carta sem destinatário e que, apesar disso, seduz os que a leem. As ilusões, enfim, que cercam a figura do poeta, a quem são atribuídos valores que, no entender de Drummond, não lhe dizem respeito e glórias que ele não fez por merecer.

Esse homem apartado de sua poesia, que parece assustá-lo tanto quanto a nós, seus leitores, foi Carlos, homem que, com sua vida metódica, seus horários de expediente, e respirando o ar artificial e repetitivo dos escritórios, escreveu a poesia assinada pelo poeta Drummond. Abismo entre o homem Carlos e o poeta Drummond, abismo que no fim é a alma de Carlos Drummond de Andrade.

(Carlos Drummond de Andrade, *Rascunho*)

DOZE | O SOCIALISTA ALEGRE

NAÇÕES NÃO CABEM EM SUMÁRIOS, NEM EM MOLDURAS. TALVEZ SÓ uma rede complexa de sonhos consiga fisgar a alma de um povo. A literatura é um desses sonhos — provavelmente o mais denso e resistente. A imagem nordestina surge menos embaçada quando lemos as narrativas de Graciliano Ramos. Não se pode pensar o Rio Grande do Sul sem ler os romances de Erico Veríssimo. Se isso é verdade, o mais inspirado sonho da nação brasileira se guarda na obra de Jorge Amado.

Mesmo habitando o outro lado do mundo, Oswald de Andrade viu nos personagens de Amado "figuras homéricas, que dispensam o aprofundamento interior". Eles são seres míticos, representativos e simples — como a forte Gabriela, para quem coragem e sensualidade são uma coisa só, e o inconstante Vadinho, que, em *Dona Flor*, nos leva à fronteira do impossível. Esses personagens sedutores e fortes despertam, sempre, a suspeita de simplicidade. É célebre o ensaio "Amado: respeitoso, respeitável", de *Saco de gatos* (Duas Cidades, 1976), em que a crítica literária Walnice Nogueira Galvão os arruína. "O populismo literário deu uma mistura de equívocos, e o maior deles foi o de passar por arte revolucionária", ela escreveu. "Jorge Amado pratica o *kitsch* de si mesmo". Em uma premonição, a análise de Walnice foi respondida, anos antes, pelo escritor francês Albert Camus: "Não se trata de ideologia, mas da própria vida", ele escreveu em um breve ensaio sobre a obra do escritor baiano.

Jorge Amado tinha suas vaidades: a paixão pelos vinhos finos e pelas comendas, uma alma secreta de parisiense e o sonho infantil de ser nomeado cardeal. Mas, quanto à literatura, não vacilava: "Tenho mais consciência dos meus defeitos do que os meus mais severos críticos", dizia. Defeitos? A obra de Amado não tem a finura psicológica dos romances de Machado, nem a firmeza viril dos livros de Graciliano, nem a linguagem sublime dos romances de Rosa. Falta-lhe muita coisa. Mas o que ela tem, nenhuma das outras tem.

Houve, sim, uma apropriação fútil da obra de Amado, que a equiparou aos folders das agências de turismo, às paisagens dos postais e aos arroubos do patriotismo lustroso e do socialismo beletrista. Também reduziram Dalton Trevisan a um vampiro, Adélia Prado a uma dona de casa carola e Hilda Hilst a uma senhora devassa, mas nada disso diminuiu suas obras. Talvez o que não se suporte na literatura de Jorge Amado seja a alegria e também o otimismo escandaloso, aspectos, muitas vezes, associados às ideias positivas do realismo socialista — que ele, na juventude, de fato teve como ideal e, mais tarde, quando reveladas as atrocidades de Joseph Stalin, apressou-se a renegar.

Mais que alegria, há na obra de Amado uma vitalidade que, como tudo o que é excessivo, às vezes soa indecente. Isso levou um crítico da revista francesa *Paris Match*, certa vez, a resumi-la assim: "Para começar, sexo, em seguida, sexo e, enfim, sexo." Um escritor descrente como o genial Georges Bataille afirmava que a literatura se liga, por princípio, ao Mal. Invertendo essa ideia, pode-se dizer que Amado a relacionou, sempre, ao Bem. Daí a acusação, cansativa, de que ele fez uma literatura de fórmulas, que fecha o Brasil em uma gaiola folclórica e restringe a vida aos prazeres mundanos, à festa e ao genital. Uma personagem como Dona Flor, dividida entre seus dois maridos, e que tira sua força dos paradoxos e da coragem de suportar o próprio coração partido, basta para desmentir isso.

Os livros de Jorge Amado nunca são negativistas — o que não quer dizer que forneçam soluções mágicas, ou fórmulas de felicidade. Nada mais imprudente do que imaginar que Amado tenha sido um precursor literário da autoajuda, uma espécie precoce de Paulo Coelho com pimenta. Já nos anos 1990, em uma conversa em Salvador, ele chegou a dizer que, ao contrário, escrevia livros de "autoatrapalha". De fato, os personagens de Amado habitam um mundo em que os impulsos superam os ideais e a imaginação, com seus solavancos, corrói qualquer esperança de harmonia. Seus livros divertem e inebriam, mas o mundo que mostram não é fácil.

É verdade que, até *Gabriela cravo e canela*, romance de 1958, Jorge Amado ainda praticou um regionalismo de fundo engajado. Quando, em 1951, ele recebeu o Prêmio Stalin de Literatura, concedido em Moscou, firmou-se a ideia, até hoje em vigor, de que sua literatura era panfletária e oportunista. Tal hipótese não deixa de se comprovar no solene *O cavaleiro da esperança*, de 1942, livro-homenagem a Luís Carlos Prestes. Jorge Amado sofreu da singeleza e dos simplismos do regionalismo que, de forma mais sofisticada, foi praticado por um escritor do porte de José Lins do Rego.

Gabriela inaugurou sua maturidade literária. Mas esses enguiços de juventude nunca se apagaram. Quando Jorge Amado faleceu, em 2001, *Gabriela cravo e canela* já tinha vendido mais de 2 milhões de exemplares. Seu livro mais genial, *A morte e a morte de Quincas Berro d'Água*, de 1961, joia até hoje desprezada que, lançada seis anos antes de *Cem anos de solidão*, de García Márquez, antecipa o realismo mágico, já tinha vendido 3,5 milhões. Vender bem, e muito, sempre causa suspeita.

Como os grandes personagens da mitologia clássica, divididos entre impulsos selvagens e ideias nobres, os personagens de Amado também se debatem entre os apelos da carne e os limites da vida social. Muitas vezes se diz que eles não passam de seres mundanos e preguiçosos. Amado distinguia, porém, a preguiça da vadiagem. A vadiagem, ele pensava, inclui a inquietação e se sustenta em uma série de pequenos prazeres que, se são prazeres, são também impulsos de vida — como as obsessões, as fantasias e as ideias fixas. Apesar dos painéis sociais e da presença atordoante da Bahia, é difícil enquadrar os grandes romances de Jorge Amado nas fórmulas gerais do realismo. Seus personagens se movem não em mundo fixo, como o das cartilhas de escola, da sociologia e dos manuais de fotografia, mas em um mundo inconstante — um mundo, para roubar as palavras de Rafael Argullol, como ele pôde, pode, ou poderia ser. Os exageros de Jorge, seus delírios e arrebatamentos, desenham não uma realidade que se possa enquadrar e descrever, mas uma realidade em potência. Não a realidade ideal dos boletins de ocorrência, das pesquisas de opinião e do cinema, embora tenha rendido muitos filmes de sucesso, mas uma realidade em que os conflitos, em vez de emperrarem e dificultarem a existência, conferem energia e cor.

Muitos escritores contemporâneos escrevem para aborrecer-se ou, como disse de si mesmo o catalão Enrique Vila-Matas, "para aborrecer-se mais". Amado escrevia, ao contrário, para alegrar-se, aspecto que justifica uma aproximação arriscada de sua obra com a do argentino Julio Cortázar — aliás, ele também, um escritor engajado e de esquerda. Ambos viam a literatura como jogo, não retrato, e não escamoteavam seu caráter de fascínio e diversão. Não devemos nos impressionar pela facilidade dos conteúdos. Foi Eduardo Assis Duarte, um dos mais sensíveis leitores de Amado, quem disse que, quando escreveu *Dona Flor*, o escritor baiano poderia ter se transformado numa Emily Bronte cabocla, "povoando seu livro com fantasmas bonzinhos". Contudo, acrescenta Duarte, Amado preferiu criar o debochado Vadinho, "um fantasma malandro e cínico". Nesse caso, estranhamente, ele se reencontra com Bataille: às facilidades do Bem, preferiu as dificuldades do Mal.

Jorge Amado inverteu, assim, os valores da mitologia que, desde os gregos e os ameríndios, se aproxima da tragédia e descreve a vida como uma luta dolorosa e sem solução. Ao contrário, Amado criou mitos que valorizam as desordens da existência, que se tornam, desse modo, valores positivos. Jorge Amado foi um socialista alegre — e sua imagem é o avesso dos retratos dos comandantes solenes do comunismo. Ao contrário do fausto dos comitês e das palavras de ordem, que diminuem o desejo e o presente, ele alçou a felicidade ao centro da existência e fez da alegria um valor inegociável. Só a crueldade intelectual explica alguns esforços para aproximar a obra de Amado dos esquemas bisonhos dos best-sellers à americana, com suas receitas patéticas e seus esquemas de aluguel. É ainda Assis Duarte quem rememora um comentário de Walter Benjamin, para quem, se o grande público preferia os filmes de Chaplin às telas de Picasso, era porque Chaplin — como Amado — toma posse da tradição do circo, do melodrama, do folhetim. É porque ele, sem receio de parecer fácil ou de ser tomado por falsário, escreveu, antes de tudo, para celebrar o que a vida tem de melhor.

(Jorge Amado, "Prosa & Verso", *O Globo*)

TREZE | **VALÊNCIO, O FURIOSO**

Valêncio Xavier parecia estar, sempre, com pressa. Falava rápido, pensava rápido e escrevia às golfadas, como se manejasse uma caneta elétrica. Enquanto tantos escritores mal escondem, sob a manta da sabedoria, as fraldas da vaidade, ele se comportava como um discreto emissário — alguém que está sempre a serviço de um outro. Um intermediário, apressado, servindo a algo que o ultrapassa. Valêncio foi um mensageiro — mas de quê? Só uma resposta me ocorre: ele foi um arauto da surpresa. Um escritor que se distingue pela mais incerta das sabedorias: a de nunca estar onde devia estar.

A imagem embaçada que agora nos deixa reflete essa agitação interior. Como capturar o foco de alguém que não fica quieto? Seus livros atestam a vocação de andarilho. Bastava esbarrar com ele, na rua XV, numa tarde de vento, os cabelos espetados para as nuvens negras, as ideias a fervilhar sob eles. Está em seus livros, que nos agitam e provocam. Uma coisa, em definitivo, eles não são: mornos exercícios de retórica, ou solenes maquinações intelectuais. Parecem estranhos, com seus desvios, gritos e contorções, saturados de imagens, dispersos, em uma inábil captura do real.

Penso no que mais me perturba, *Minha mãe morrendo e o menino mentindo*. Um velho se põe a recordar a distante infância. Ao rememorar, porém, constata que dela ainda não se livrou. Mesmo com os cabelos brancos e o corpo encurvado, ainda é um menino. As coisas não estão onde deviam estar, e é por isso que a literatura de Valêncio nos deixa sempre tão agitados. Lendo seus livros, não posso negar, algumas vezes me irritei. O que esse homem queria de mim? Por que me oferecia uma escrita tão furiosa?

Na Curitiba da classe média, Valêncio fugia da média. Na Curitiba da ordem e do urbanismo, ele exibia a beleza da desordem. Assassino da moda e do bom gosto, herói de si mesmo, foi um escritor que nunca desejou agradar ninguém. Tudo isso está em seus livros — toda essa vibração, de quem escrevia não para satisfazer, mas para não morrer. Sua obra fica, agora, como uma herança incômoda, que as futuras gerações de curitibanos devem decifrar. Mas conseguirão? Que outra coisa é *O mez da grippe*, senão uma armadilha? Na aparência, o livro é uma caixa de brinquedos, em que Valêncio, guiado pelos sopros da memória, coleciona, mistura, funde toda uma vida imaginária. Mas que cilada! Fluente, e até fácil, a escrita de Valêncio se torna um enigma, que ele empurra pela goela do futuro. Uma armadilha, sim, e, por mais que a desmontemos, estará sempre a nos oferecer novos disfarces.

Enfrentei alguns momentos difíceis em minha breve convivência com Valêncio. Ele foi um homem difícil. Mas, só por isso, as palavras escorriam de seu peito. E seus olhos, esbugalhados de espanto, se desdobravam em tantas imagens. Para Valêncio, imagens eram, sim, literatura. Para ele, tudo era literatura. Recortes, rascunhos, tiras de jornal, miudezas, bobagens. Em sua velha casa, um dia, ele me apresentou sua coleção de inutilidades. Coleção? Não havia ordem, muito menos apego. Eram só objetos dispersos, que nem ele mesmo sabia classificar.

Em um estúdio de TV, certa tarde, fomos convidados para falar, ao vivo, dos livros que lançávamos. O apresentador, por delicadeza, nos apresentou, antes, suas perguntas. Valêncio o ouviu e disse: "Só quero falar do que quero falar." O jornalista insistiu: "O senhor me perdoe. Só farei perguntas sobre literatura." Não se perturbou: "Isso não me importa." E deixou claro o que faria: "Você pergunta sobre literatura, e eu respondo sobre o que eu quiser." E foi exatamente o que fez. Porque, para Valêncio, a única tarefa do escritor é o espanto.

A obra de Valêncio Xavier nos fica, agora, como uma emboscada. Por muito tempo, seremos levados a atravessá-la. Tudo pode acontecer quando a lemos — da irritação mais raivosa à paixão mais extrema. Grandes obras são assim: não se deixam fixar. O escritor morre, mas os livros persistem, efervescentes. Para além de suas qualidades ou fracassos, a literatura de Valêncio preserva a exaltação de existir.

(Valêncio Xavier, "Caderno G", *Gazeta do Povo*)

QUATORZE | **BORGES, O SENTIMENTAL**

Libertar Jorge Luis Borges da imagem racional em que está encarcerado: esse é o objetivo de Edwin Williamson em *Borges, uma vida*, biografia do escritor argentino traduzida por Pedro Maia Soares para a Companhia das Letras. Borges é, hoje, uma lenda aprisionada em uma coroa de clichês. Escritor frígido, indiferente ao mundo, deliberadamente críptico, preso em uma biblioteca. Livros sobre livros, ideias que remetem a novas ideias, diálogos com os mortos, jogos intelectuais refinados. Esse é o Borges oficial, reverenciado nas academias, nas livrarias e nos gabinetes intelectuais. Contra esse Borges, de seu coração secreto, Williamson arranca um novo escritor. Um surpreendente Borges sentimental.

Ouçamos o próprio Borges: "Sou um sentimental, diria que desagradavelmente sentimental, muito sensível e vulnerável. O que acontece é que, quando escrevo, faço-o por meio de símbolos. Nunca me confesso diretamente." Pode ser só mais uma máscara, mais um lance de mestre do incansável jogador. Diz-se sempre que, para Borges, a literatura se assemelhava não só a um jogo, mas à matemática, ou mais especificamente à álgebra. Ramo da matemática que se refere às operações, aos sistemas e ao cálculo, a álgebra seria o território da frieza e da abstração, do qual o humano estaria definitivamente banido.

Para contrapor-se a essa ideia, Williamson retorna às palavras do próprio Borges: "As pessoas supõem que a álgebra corresponde a uma frieza interior, mas não é assim, é o contrário: essa álgebra é uma forma do pudor e da emoção." O biógrafo nos apresenta um inesperado Borges sentimental, que faz do jogo intelectual um discreto, mas eficaz, manto de proteção. Para entender o papel das emoções na obra de Borges, Williamson sugere que sigamos pistas guardadas em "O jardim de veredas que se bifurcam", um de seus contos mais célebres. Escreve Borges: "Numa adivinha cujo tema é o xadrez, qual é a única palavra proibida? A resposta é: a palavra é *xadrez*." Também a palavra *sentimental* Borges estava proibido de pronunciar e, no entanto, ela é a chave que nos falta.

Também nós, seus leitores, não devemos pronunciá-la. Talvez seja mais prudente. Williamson nos adverte a respeito do conjunto de hiatos, incongruências, descontinuidades, contradições que compõem não só a obra, mas a figura de Jorge Luis Borges. Não existe outro nome que dê conta desse emaranhado, a não ser esse mesmo: Borges. Podemos sim, e é o que Williamson faz com brilho, repuxar do interior da obra alguns fios que nos permitam — como nos fantoches — manipular o homem chamado Jorge Luis. Lembra o biógrafo que, em um ensaio de 1926, "Profissão de fé literária", o próprio Borges nos autoriza essa operação. Escreve: "Toda literatura é autobiográfica, em última instância. Tudo é poético na medida em que confessa um destino, na medida em que nos dá um vislumbre dele." A ênfase, aqui, está na palavra "vislumbre": apesar de seu esforço, nem o melhor dos biógrafos consegue ver mais do que uma luz tênue e frouxa, só um brevíssimo clarão em meio ao escuro. É na escuridão que se guarda, como um segredo jamais revelado, como diz Borges, a "substância autobiográfica". Só em partes muito frágeis a alcançamos e ela lá permanece, "como um coração que bate na profundeza".

Para ocultar esse coração, Borges protegeu-se com uma muralha de livros. Sua literatura é essa muralha. No ensaio "A biblioteca total", recorda Williamson, o escritor fala de um pesadelo com "milhões de insensatas cacofonias, barafundas verbais e incoerências". Enquanto a maioria dos homens nele afunda, uns poucos — como Borges - - o transformam em escrita. No fecho de um de seus contos mais festejados, "O duelo", narrativa da amizade secreta entre duas mulheres rivais, Borges nos fornece uma síntese para o destino humano, que o torna inacessível, mas, por isso também, sedutor: "A história que se desenrolou na sombra acaba na sombra."

O livro de Williamson não pretende explicar "o mistério Borges". Ao fim da leitura, de fato, o mistério continua intocado e Borges, inacessível. Ele mesmo falava da inexistência do indivíduo, como um ser com limites claros e porte preciso. Nós, humanos, somos mais parecidos com o abismo de imagens superpostas que se abre nos espelhos paralelos dos elevadores. Quanto mais imagens se desdobram, mais estamos distantes de nós mesmos. A regra vale também para as biografias, que não passam de tentativas, parciais e precárias, de capturar um homem. Borges denunciou, com vigor, a fraude do realismo, A questão do escritor não é refletir, ou dizer a verdade; mas não é também falsificar e mentir. Sua função é despertar no leitor aquilo que ele chamava de "fé poética", na qual pedaços da verdade, distorcidos e incompletos, são moldados pela solda da imaginação. Williamson está certo quando afirma que a obra de Borges "amplia o alcance da ficção". Nas mãos de Borges, a ficção deixa de ser só jogo intelectual e arbítrio, mas também espelho e verdade, para se tornar um intervalo aberto entre o sujeito e o mundo e no qual, podendo enfim respirar, ele se conserva de pé.

Falando da morte de Borges, um comovido Williamson recorda o ensinamento de São João, segundo o qual "não é o homem que descobre o Verbo, é o Verbo que vem a ele". Mais que autor, um homem é um efeito de suas palavras — e esse princípio se aplica também a um gênio como Borges. Mais que um protagonista, o escritor é uma vítima. O mundo é grande demais para caber nas palavras. Recorda Williamson, então, de "The unending rose", o poema que encerra *A rosa profunda*. Nele, Borges assume a voz do místico persa Attar de Nishapur, autor do *Colóquio dos pássaros*. Os versos são eloquentes e expressam a aposta de Borges na turbulência do real: "Cada coisa/ É infinitas coisas. Tu és música,/ Firmamentos, palácios, rios e anjos,/ Rosa profunda, ilimitada, íntima,/ Que o Senhor mostrará aos meus olhos mortos".

Por discordarem de suas posições políticas — que, mostra Williamson, foram bem mais complexas do que seus críticos consideravam —, muitos acusaram Borges de viver e escrever em uma torre de marfim. Dizia ele, ao contrário, que habitamos um jardim de veredas que se bifurcam. Nesse jardim da realidade, como nos labirintos (outras das imagens mais insistentes de sua escrita), avançamos não para nos conhecer, mas para nos perder. Daí Borges só acreditar na salvação pela literatura. Ela seria nosso último lugar de salvação. No conto "O milagre secreto", ele nos apresenta a história do escritor judeu Jaromir Hladík, seu duplo, que é condenado à morte pelos nazistas. O condenado pede a Deus mais algum tempo de vida para terminar a tragédia inacabada *Os inimigos*. Em sua prece de despedida, Hladík reconhece que a literatura é a última imagem que dele restará. Escreve: "Se de algum modo eu existo, se não sou uma das Tuas repetições e erratas, existo como autor de *Os inimigos*. Para pôr termo a este drama, que pode me justificar e Te justificar, necessito um ano mais." Borges nos fala, assim, não só da dependência humana das palavras, mas também de um Deus que, sem as palavras, nada é. A esse Deus, frágil e miserável, mas consolador, podemos talvez, inspirados por Borges, chamar de literatura.

(Jorge Luis Borges, "Eu &", *Valor Econômico*)

QUINZE | **NA AGULHA DO INSTANTE**

Conhecer o homem que se esconde atrás da poesia, isso é bom para um leitor? Ou é uma experiência que, ao contrário, só o ilude e o atrapalha? Privar com escritores amplia a compreensão da obra ou, em vez disso, deforma e obscurece essa compreensão? O poeta João Cabral de Melo Neto dizia não gostar de generalizações. "Sou um nordestino, não gosto de coisas abstratas." Foi apostando no inesperado — como quem dá um tiro no escuro — que, no ano de 1991, depois de uma entrevista rotineira de imprensa, aceitei o convite que ele me fez para voltar outras vezes a seu apartamento no Flamengo, Rio, para que pudéssemos continuar nossa conversa.

Logo vi, nesse presente que Cabral me dava, a chance de chegar a um livro. Para o poeta, minhas novas visitas, ele mesmo me disse, ajudariam a abrandar a solidão. Ele ganhava uma companhia mais ou menos regular; eu ganhava não só a chance de privar um pouco com ele, mas a possibilidade de escrever um livro sobre aquele que é, no meu entender, o maior poeta brasileiro do século XX. Nosso encontro profissional se desdobrou, então, em uma série de mais de vinte entrevistas, espalhadas entre 1991 e 1992, e que resultaram depois, de fato, em um livro.* Mais do que isso: foram encontros que mudaram, por completo, não só minha compreensão da poesia de João Cabral, mas da poesia em geral. Que me transformaram também — como fazem, sempre, os grandes livros e os grandes escritores.

Chegando aos 70 anos de idade, João Cabral de Melo Neto estava debilitado, tinha dificuldades de visão, sofria de vertigens constantes e de uma depressão difusa. Aposentado da carreira diplomática, vivia quase isolado em seu apartamento na praia do Flamengo, no Rio, casado em segundas núpcias com a poeta Marly de Oliveira, uma mulher de intensa vida intelectual e social. Nossas conversas, portanto, não tinham mais como objeto uma obra em andamento, uma poesia ainda a fazer, mas uma obra praticamente pronta. Guardavam a aparência triste de um balanço final, ou de um inventário.

Mais espantoso do que a poesia que sai de um homem é o homem — o poeta — que sai de uma poesia. Sim, porque a poesia, ainda mais uma obra pronta e fechada, escreve — fixa — o poeta. Confere-lhe uma máscara, que se confunde com o rosto, da qual ele já não pode mais se livrar. João Cabral, o poeta, se tornou um

---

* *João Cabral de Melo Neto: O homem sem alma & Diário de tudo.* 2. ed. ampliada. Rio de Janeiro: Bertrand Brasil, 2006.

personagem de sua própria poesia. Era o que eu pensava enquanto encarava o frágil João a caminhar pela sala, sempre na penumbra — janelas fechadas, para barrar o sol carioca. A rastejar lentamente entre as poltronas, como se buscasse alguma coisa que perdeu. O que teria perdido? — eu me perguntava. A resposta era simples e dolorosa: a força para continuar a escrever. Numa palavra: a poesia.

Nascido em 1922, João Cabral fez sua estreia aos 20 anos, com *Pedra do sono*. O livro — a obra — abre com versos fortes, que antecipam o poeta que viria a ser:

> Meus olhos têm telescópios
> espiando a rua,
> espiando minha alma
> longe de mim mil metros.

Nesses quatro versos inaugurais, já estão alguns dos elementos chaves da poesia de João Cabral. Entre eles, o papel crucial da visão, que em geral descartamos dos poetas, seres elevados, sempre "nas nuvens", como se diz, e se recusando a ver. João dizia que a função do poeta é, ao contrário, "dar a ver". Apontar, revelar, desvelar o real. É aflitivo lembrar o poeta que conheci já velho, a vista fraquejando, o mundo observado pela metade. Na TV, nem ao futebol, que ele sempre apreciou, podia mais assistir. "O problema é que vejo apenas um bando de marmanjos correndo para lá e para cá", me disse, "pois não consigo ver a bola". Do esporte viril, restava apenas um balé lamentável, com barbados metidos em calções.

Não era só a visão que, fraca, impedia João de continuar a escrever sua poesia. Também o coração — não o músculo vital que bate em nossos peitos, mas a casa dos sentimentos. Toda a obra de João Cabral é uma luta vigorosa para domar e "secar" os sentimentos. Contra o derramamento que os caracteriza, impor a frieza da pedra e a razão objetiva do engenheiro, para quem o mundo não passa de um conjunto claro de objetos. A poética de Cabral, o poeta, é antissentimental. Mas, naquele momento, João já não dispõe mais de forças para esse combate.

Em um poema dedicado ao poeta francês Paul Valéry, um de seus grandes mestres, "A Paul Valéry", guardado em *O engenheiro*, de 1945, ele escreve:

> Doce tranquilidade
> do não fazer; paz,
> equilíbrio perfeito
> do apetite de menos.
>
> Doce tranquilidade
> da estátua na praça
> entre a carne dos homens
> que cresce e cria.
>
> Doce tranquilidade
> do pensamento de pedra,
> sem fuga, evaporação,
> febre, vertigem.

Parte importante da estética de Cabral está nesses versos. O gosto pelo equilíbrio, pela perfeição e pela fome controlada. A firmeza da estátua (da pedra) em oposição à inquietação que caracteriza a carne e os homens. O pensamento firme (de engenheiro), imune às fragilidades e inconstâncias do humano, retido em sua vocação para o cálculo, e que combate a febre e a vertigem. Já disse que o João Cabral sofria de vertigens — na verdade, de doenças do labirinto. Não sei se tinha febres. Andava com dificuldades, com um pouco tremor (já não era "de pedra").

Avanço na obra e penso em outro poema célebre, "Psicologia da composição", poema do livro homônimo, de 1947. Em particular, no seu começo:

> Saio de meu poema
> como quem lava as mãos.

Esses versos sublinham a distância — o abismo — entre o poeta e seu poema. O poema não humaniza, Cabral pensava, mas desumaniza. Uma vez pronto, é um objeto que se distanciou do poeta e que, de certo modo, até o trai. Observo João e entendo um pouco melhor sua solidão. A obra pronta — que já não lhe pertence mais. Os poemas (como filhos) lançados nos livros e no mundo. As palavras, concretas como pedras, a ignorar sua origem. Está na "Psicologia da composição", em tom de dura ameaça:

> Neste papel
> pode teu sal
> virar cinza;
>
> pode o limão
> virar pedra;
> o sol da pele,
> o trigo do corpo
> virar cinza.

Cabral sugere que o poeta é aquele que cultiva o deserto, "como um pomar às avessas". É no deserto que, poeta consagrado, ele agora se vê. É deserta a sala de estar, obscura e silenciosa, em que me recebe. Deserta, ainda, é a vida do poeta, sem privar mais com as palavras. Deveria estar feliz, pois é um grande poeta. Fala-se até no Nobel.

Mas está triste. Os médicos, apressados, diagnosticam: depressão. Ele recusa o diagnóstico e propõe, em seu lugar, uma palavra mais antiga e mais poética: melancolia. Cabral não aceita a depressão, que os médicos logo querem estancar com os antidepressivos. "O que sinto não é algo de que se trate", ele diz. "Não é algo de que a gente se cure. É algo que se tem." Tão implacável quanto as pedras e os desertos de seus versos.

Na penumbra da sala, esforço-me para discernir cores e nuances. Cabral viveu o luxo dos surrealistas, seguidores do francês André Breton, com seu gosto pelo irracional e seu projeto de "escrita automática", isto é, uma escrita sem pensamento. Deles se aproximou e isso lhe rendeu grandes poemas. O mais belo deles, um dos mais belos de sua obra, "O cão sem plumas", escrito entre 1949 e 1950 e que, sintoma de sua alma de matemático, ele dedica a Joaquim Cardozo, poeta, sim, mas também engenheiro calculista. Poema denso, cheio de imagens — mas imagens firmes e secas, à moda cabralina.

> Entre a paisagem
> o rio fluía
> como uma espada de líquido espesso.
> Como um cão
> humilde e espesso.
>
> Entre a paisagem
> (fluía)
> de homens plantados na lama;
> [...]
>
> Como o rio
> aqueles homens
> são como cães sem plumas.

A imagem diz tudo: cães sem plumas, isto é, cães carentes não do que tiveram, ou do que deveriam ter, mas daquilo que, em definitivo, não têm. O rio é o Capibaribe, que atravessa Recife. Rio que, espesso como uma espada, fecunda a cidade. E dá a vida àqueles homens que, diz Cabral, se definem pelo vazio. É assim a poesia de Cabral: deserta e vazia. Por isso Cabral não gostava quando o celebravam por seu poema que mais desprezava: "Morte e vida severina", escrito em meados dos anos 1950. Poema social, poema sentimental e, o mais grave, ele pensava, poema que, de tão melodioso, chegou a ser musicado — por Chico Buarque de Hollanda. Poema que, ele entendia, era o anti-Cabral. Que o desmentia e a tudo o que escreveu. E logo por esse poema, cruel mal-entendido, ainda hoje ele costuma ser definido!

O poeta me falava de seu desprezo pela música. A música ambiente, que chamava de "música de elevador", que o entediava. A música grandiloquente da ópera, que às vezes frequentava por obrigações diplomáticas, e que o fazia dormir. Contra o musical e o sentimental, o poeta preferia a arte do silêncio. Arte que ele expressa em poemas brilhantes como "Uma faca só lâmina", de 1956. Ficamos aqui com os versos do fecho:

> por fim à realidade,
> prima e tão violenta
> que ao tentar apreendê-la
> toda imagem rebenta.

Um poeta contra as imagens — as imagens belas, comoventes, edificantes, líricas. Preferiu sempre a pintura tensa e "sem imagens" de Joan Miró e de Antoni Tàpies, os dois grandes artistas da Catalunha. Artistas com quem compartilhava uma visão masculina e dura da arte, como expressa em "Habitar o tempo", poema de *A educação pela pedra*, livro publicado em meados dos anos 1960:

> Para não matar seu tempo, imaginou:
> vivê-lo enquanto ele ocorre, ao vivo;
> no instante finíssimo em que ocorre,
> em ponta de agulha e porém acessível;
> [...]
> Plenamente: vivendo-o de dentro dele;
> habitá-lo, na agulha de cada instante,
> em cada agulha instante: e habitar nele
> tudo o que o habitar cede ao habitante.

Poeta em sincronia com o real, que é instável, que vibra mas fere, que se deixa habitar mas que habita quem o vive. Cabral radicaliza, a partir daí, sua opção por uma poesia que nada exclua — que não valorize, ou discrimine objetos, que não separe o que é poesia do que não é. Ele declara essa posição, com todas as letras, em seu *Museu de tudo*, livro de 1975, que abre com versos enfáticos:

> Este museu de tudo é museu
> como qualquer outro reunido;
> como museu, tanto pode ser
> caixão de lixo ou arquivo.
> Assim, não chega ao vertebrado
> que deve entranhar qualquer livro:
> é depósito do que aí está,
> se fez sem risca ou risco.

E de tudo João Cabral provou em seus poemas: das bailarinas andaluzas, dos becos de Marrakesh, dos canaviais de Pernambuco, da história do Frei Caneca, das cartas de Dylan Thomas, do futebol de Ademir da Guia, dos poemas de W. H. Auden, Quevedo e Manuel Bandeira. O poeta, João pensava, não habita um país, habita uma língua. E nessa língua tudo pode caber. Está no breve e precioso "Habitar uma língua":

> J. agora que de regresso
> não a teu país, mas à mesma
> língua em que te falei
> íntimo de cama e mesa,
> eis que aprendo, nesta paisagem
> da de teu país tão diversa,
> que se habita uma língua
> como se fala Marselha.

Volto a observar João, triste, cansado, a levar dentro de si todas as coisas do mundo. Assim é sua poesia: uma faca a arrancar nacos precisos e duros do real. Forte como uma ventania. Ele pensa no alísio, que sopra no nordeste brasileiro. Está em "A escola das facas", poema do livro homônimo, do início dos 1980:

> O alísio ao chegar ao Nordeste
> baixa em coqueirais, canaviais;
> cursando as folhas laminadas,
> se afia em peixeiras, punhais.
> [...]
> O coqueiro e a cana lhe ensinam,
> sem pedra mó, mas faca a faca,
> como voar o Agreste e o Sertão:
> mão cortante e desembainhada.

Não é por acaso que um poeta que compara a poesia a um vento se sinta tão ressecado. "Não consigo nem mais ler poema ruim", ele me diz. Cabral conhecia muito bem o lugar isolado, e marginal, que sua poesia sempre ocupou. Escreveu um poema, "Autobiografia de um só dia", também de *A escola das facas*, que afirma:

> Parido no quarto-dos-santos,
> sem querer, nasci blasfemando,
>
> pois são blasfêmias sangue e grito
> em meio à freirice de lírios...

Um poeta capaz de falar em muitas línguas e se expressar em muitas formas. Na série de poemas a que chama de "Linguagens alheias", parte de *Agrestes*, livro de 1985, Cabral faz homenagens e incorpora a riqueza de artistas como Paul Klee, Camilo Castelo Branco, Henry James, Paul Valéry. Em um desses poemas, "Dúvidas apócrifas de Marianne Moore", em que celebra seu amor pela poeta norte-americana, ele diz:

> Sempre evitei falar de mim,
> falar-me. Quis falar de coisas.
> Mas na seleção dessas coisas
> não haverá um falar de mim?

Nessa dúvida, nessa pergunta, está tudo. Poeta do concreto e do real, João Cabral — o homem de carne e osso — terminou fisgado pela poesia que escreveu. Por isso o encontrei tão frágil, tão melancólico: sem escrever, quase já não existe. Hoje, morto, foi devorado pelo poema.

(João Cabral de Melo Neto, *BRAVO!*)

DEZESSEIS | **LUZ NA ESCURIDÃO**

O QUE É A SABEDORIA E ONDE PODEMOS ENCONTRÁ-LA? PARA O crítico norte-americano Harold Bloom, a sabedoria difere da cultura acumulada e da erudição acadêmica. É mais fácil, em consequência, encontrá-la na literatura do que na ciência, na filosofia, ou na política. Por isso, Bloom saiu a procurá-la em Homero, Shakespeare, Cervantes, Montaigne e outros grandes escritores. O resultado é o esplêndido *Onde encontrar a sabedoria?* (Objetiva, tradução de José Roberto O'Shea), ensaio em que Harold Bloom, mais uma vez, ultrapassa os limites canônicos da crítica literária para fazer da literatura um instrumento de decifração do mundo.

Nosso pobre mundo pragmático, cheio de objetivos imediatos e simplistas, tende a associar a sabedoria ao encontro de soluções práticas, de estratégias de sucesso, ou de fórmulas mágicas que possam alterar o destino humano. Mas, pensa Bloom, a sabedoria não é isso, já que a rigor ela não promete nada; é só um instrumento para aliviar e esclarecer eventos radicais como a velhice, a doença grave e a morte, não mais que isso. Autor de livros célebres como *O cânone ocidental*, Bloom, que já passou dos 70 anos, é, há meio século, professor da Universidade de Yale.

Que não se confunda a sabedoria com as lições de felicidade e bem-estar propostas pelo esoterismo e pela autoajuda, ele nos alerta. A sabedoria não traz conforto e pode trazer até alguma aflição. "A literatura da sapiência nos ensina a aceitar os limites naturais", Bloom a define. É uma sabedoria severa, que não adoça as coisas e que fica entre a tragédia e a ironia. Porque, ele nos diz, o primeiro passo para chegar à sabedoria é a aceitação do que nos determina, isto é, conformar-se com os limites estreitos a que estamos submetidos. Tanto que seu aforismo predileto é uma advertência sutil do rabino Tarphon: "Não sois obrigado a concluir a obra, mas tampouco estais livre para desistir dela."

Prudência e ceticismo, propõe Bloom, podem fornecer uma preciosa ajuda para enfrentar a grande zoeira e a velocidade do mundo contemporâneo. Nesse caso, o modelo pode ser o capitão Ahab, o extraordinário personagem de Hermann Melville em seu *Moby Dick* — romance que o próprio Melville definia como "um livro perverso", já que aplica um soco em nossas ilusões. Aceitar primeiro, como propôs o filósofo — mas também poeta — dinamarquês Soren Kierkegaard, que "não há esconderijo no vasto mundo onde os problemas não nos encontrem". E que é disso que podemos partir.

É por desconfiar das grandes soluções que Harold Bloom afirma a superioridade de Homero em relação a Platão, a quem ele define não bem como um filósofo, mas como o criador de uma religião. Para Bloom, a grande luta travada no mundo antigo foi entre a poesia de Homero e a teologia de Platão que, a seu ver, está na origem de todo o monoteísmo (o judaísmo, o cristianismo, o islamismo). Ao expulsar o poeta de sua República idealizada, foi a Homero que Platão expulsou.

"Platão inicia expurgando tudo o que há de colorido e por demais humano nos deuses homéricos", ele recorda. É o ponto de partida para a ideia de que a filosofia fica com o saber enquanto à poesia resta apenas o prazer. Foi contra esse engano que Harold Bloom escreveu seu *Onde encontrar a sabedoria?*. Mesmo evitando as soluções fechadas, ele não se furta a responder: na poesia, não na filosofia ou na ciência.

Cervantes, o narrador, e Shakespeare, o dramaturgo, foram, a seu ver, grandes poetas. Dom Quixote e Hamlet, os grandes personagens que eles criaram, têm objetivos incertos e se submetem, todo o tempo, à fragilidade humana. São, ambos, sábios. O Quixote e Sancho, juntos, "sabem mais do que nós, assim como jamais conseguimos acompanhar a velocidade espantosa do raciocínio de Hamlet", Bloom diz. Os dois se contentam com o que é possível, isto é, abrem espaço para uma "relativa esperança". Por isso, Cervantes e Shakespeare fizeram uma literatura viva, que teve sempre como objeto a busca — não o encontro — da sabedoria.

A propósito, Bloom recorda uma observação de Goethe, segundo a qual a estratégia de Shakespeare era usar seus personagens para mostrar o modo como a qualidade mais característica do ser humano, o nosso livre-arbítrio, colide sempre "com o curso inevitável do todo". Filósofos e teólogos, ele acrescenta, não influenciaram Shakespeare, que se deixou contaminar, no entanto, pela leitura de um poeta como Ovídio.

Abdicando da pose de mestre, Harold Bloom recorda uma grave depressão que o acometeu por volta dos 35 anos, mal que ele só superou com a leitura de grandes sábios como Emerson, Freud (o filósofo que escreveu *O mal-estar na civilização*, não o cientista que criou a psicanálise) e, sobretudo, como Montaigne. "O que importa a Montaigne é a gestão da vida: ele não estuda a morte, deixando tal empresa para filósofos e teólogos", ele afirma.

Sabedoria que, no fim, confina o homem a um estreito espaço individual, situação que Bloom descreve repetindo uma sentença de Montaigne: "Na experiência que tenho de ser eu mesmo encontro o bastante para me tornar sábio." Contra o saber arrogante, Harold Bloom nos oferece a sabedoria de poetas como Homero, Cervantes e Shakespeare. E também Goethe que, ele recorda, se aprazia em permanecer em estado de *heiter*, expressão que pode ser traduzida como "céu claro" ou, melhor ainda, como "luz na escuridão".

(Harold Bloom, "Eu &", *Valor Econômico*)

DEZESSETE | **A DELÍCIA DA MANHÃ**

HÁ UM DELICADO POEMA DE MANUEL BANDEIRA, "À SOMBRA DAS araucárias", de *A cinza das horas*, que faz a premonição de seu talento para a crônica. Em versos simples e pacientes, ele escreve: "Não aprofundes o teu tédio,/ Não te entregues à mágoa vã./ O próprio tempo é o bom remédio:/ Bebe a delícia da manhã".

Quase tudo o que define a crônica está aí. A crônica como o gênero da leveza, que combate o tédio e repudia o desgosto. Um gênero que desafia a passagem do tempo e faz dela matéria de prazer. A crônica que degustamos nas primeiras horas da manhã, junto às frutas viçosas e ao café com leite. Que nos chega acomodada entre as notícias mais frescas nas páginas dos matutinos. A crônica, enfim, como um refúgio contra a dureza do mundo.

É assim, leve, lírica, sem arrogância, a grande crônica brasileira do século XX, praticada por escritores como Rubem Braga, Paulo Mendes Campos, José Carlos Oliveira, Otto Lara Resende e Antônio Maria. Gênero que atraiu, também, grandes narradores, como Clarice Lispector e Fernando Sabino, e grandes poetas, como Carlos Drummond de Andrade, Vinicius de Moraes e o próprio Bandeira.

Um gênero brasileiro, não só porque amadureceu no século XX, mas porque adota a miscigenação, o sincretismo e o ecletismo como princípios. Também a crônica, como o Brasil, é mestiça e plural, é informal e sem poses. Confluência de gêneros — narrativa, memória, confissão, poesia — a que os escritores se entregam para saborear a vida e suas pequenas delícias.

Curioso, portanto, que no posfácio desse elegante primeiro volume das crônicas inéditas de Manuel Bandeira (*Crônicas inéditas 1*, Cosac Naify, organização, posfácio e notas de Júlio Castañon Guimarães), o próprio organizador se apresse a perseguir nas crônicas de Bandeira uma busca de rigor e de objetividade, de poder de argumentação e de conhecimento aplicado, durezas que a crônica, como gênero sem gênero, rejeita.

Ao contrário, ela aposta numa convergência de caminhos e de papéis, que Vinicius de Moraes assim sintetizou em "Saudade de Manuel Bandeira": "Não foste apenas um segredo/ De poesia e de emoção/ Foste uma estrela em meu degredo/ Poeta, pai! áspero irmão". Aspereza do rigor ou, ao contrário, da vida? É verdade que, nas crônicas desse primeiro volume, textos inéditos escritos entre abril de 1920 e agosto de 1931 — crônicas, portanto, de juventude —, Bandeira ainda é um cronista contido, preocupado, parece, em agradar a seus mestres e ainda temeroso quanto a suas melhores qualidades: o lirismo, a delicadeza, o humor, a leveza.

Em 1920, logo após a morte do pai, Manuel Bandeira se mudou para o número 53 da rua do Curvelo, na Glória — debruçado sobre a Lapa. Ali escreveu três livros, além de muitos dos poemas de *Estrela da manhã*. Ali se pôs a escrever crônicas. Curvelo onde, ele mesmo disse depois, "aprendeu os caminhos da infância".

Em 1921, o poeta conheceu Mário de Andrade, que o introduziu nas publicações literárias de São Paulo. Muitas das crônicas de *Crônicas inéditas 1* foram escritas para revistas como *Ariel*, *Brasil Musical* e a *Ideia Ilustrada*, ou para o *Diário Nacional*, todos editados na capital paulista. Foram escritas, podemos pensar assim, "para os modernistas de São Paulo", o que talvez explique algo também.

Em 1922, o jovem Bandeira já sabia, pelo menos, se proteger. Tanto que se negou (certamente por prudência) a participar da Semana de Arte Moderna. Em 1930, quando publicou *Libertinagem*, reunião de poemas escritos ao longo dos anos 1920, as marcas do cronista são indisfarçáveis. Nesse livro, encontramos um pequeno poema, "Andorinha", que resume essa posição. "Andorinha lá fora está dizendo:/ — 'Passei o dia à toa, à toa!'/ Andorinha, andorinha, minha cantiga é mais triste!/ Passei a vida à toa, à toa..." É preciso mais?

Há, em geral, um esforço, que Castañon compartilha, para enfatizar a "humildade" de Bandeira. Consideremos que isso seja verdade, que Bandeira fosse um poeta que se diminui. Mas, nesse caso, é preciso saber contra quem, ou, ainda, para se esquivar do que ele faz isso. Não seria mais uma estratégia para se preservar? De fazer-se de morto, entre intelectuais gigantes e gritantes, para sobreviver quieto em seu canto? Toda a ênfase no acaso, na preguiça, no circunstancial, no menor que norteiam sua poesia não é só um efeito da delicadeza, ou da polidez. Mais que isso, é uma estratégia poética.

Esses elementos — a prudência (mas não a humildade), a leveza (mas não a timidez) — se esboçam já nessas primeiras crônicas. Bandeira foi um flâneur — anjo gorducho que, nos becos da Lapa, flutuava sobre o real. Faltavam-lhe as asas, mas de que serviria a redundância? Escreveu, sempre, desde a encruzilhada (e aí podemos pensar em um anjo negro), cruzamento em que prosa e poesia não só se misturam, mas se alimentam. Seu flanar pela cidade do Rio de Janeiro foi mais que um gosto pessoal: foi um método. Só assim, à deriva, Bandeira podia captar os sinais do acaso que, por fim, delimitam não só sua poesia genial, mas a crônica brasileira madura, que ele ajudou a fundar.

As melhores crônicas de Bandeira se servem dessa zona escorregadia em que prosa e poesia não se definem. É nessa fronteira pantanosa que a crônica se funda como gênero — não por seu suposto rigor, ou pela produção de comentários lúcidos. Bandeira escrevia "para vender", isto é, escrevia para sobreviver. Atendia, portanto, não só aos apelos dos editores, mas também ao gosto dos leitores e, mais ainda, à inconstância de sua vida pessoal.

A crônica é um gênero literário que se afirma na imprensa, o que aponta para outro extremo, em que o jornalismo se torna literatura. Assim como Truman Capote falava de um hipotético "romance de não ficção", talvez em Bandeira se possa falar de uma "prosa que se renega", uma prosa que busca e tende à poesia. Uma prosa de poeta?

Prosa: falar por falar, tagarelar, como nos longos discursos dos bêbedos e nos devaneios das moças. Bandeira confirma, em suas crônicas, aquele caráter de "conversa interminável" que um crítico sensível como Silviano Santiago (citado por Castañon) viu na escrita de Mário de Andrade. O falar por falar não diminui a qualidade dessa prosa; ao contrário, a afirma. Solto num universo cuja ordem não pode captar, o cronista não se ilude, nem se tranquiliza simulando uma ordem. Em vez disso, aceita a desordem e o caráter estilhaçado do real, matéria, enfim, do cronista, que, mais que aplicado, deve ser rebelde.

Bandeira poderia dizer, como Samuel Beckett, que a escuridão contra a qual lutou a vida inteira (na posição marginal de poeta, na tuberculose cruel, na solidão crônica) foi, na verdade, sua aliada. Nessas primeiras crônicas — dedicadas não só ao Rio de Janeiro dos anos 1920, mas à música, aos escritores (como Murilo Mendes e o próprio Mário de Andrade) e aos mitos (como Pablo Picasso, a arte moderna, Josephine Baker e Greta Garbo) —, essa reversão poética se evidencia.

Em uma crônica como "Uma tarde triste numa casa de saúde", uma das mais belas de *Crônicas inéditas 1*, ele relata uma visita a Waldemar Ovalle, ainda belo, mas moribundo, fulminado por uma tuberculose. Os poetas se esforçaram para emprestar à doença uma aura romântica. "Em seus primeiros tempos a doença pode dar aos infelizes uma certa cor e uma certa sensibilidade romântica", Bandeira admite. "Mas é um momento fugaz. O que vem depois é do mais duro e repulsivo realismo." No entanto, numa segunda conversão, a magreza indistinta e a "palidez de pêssego" de Ovalle se tornam matéria preciosa para a crônica delicada.

Força da crônica: mesmo nos piores momentos, a potência da escrita se instala para reverter a ordem do mundo e dinamizá-lo. Outras vezes é o humor que salva. Em "O profeta da Gávea", o mexicano Laureano Ojeda se instala, com suas longas barba e cabeleira, sob uma tenda em plena Gávea. Espalha sua famas de santo, até que um dia é preso. É internado em um hospício. Mesmo refém dos psiquiatras, Laureano continua a dar consultas, agora a outros internos. Um dia, alguém lhe traz um surdo-mudo, pedindo a cura. Laureano não vacila: "É melhor que não fale porque peca menos." Em sua crônica, Bandeira o transforma em um personagem que encarna a sabedoria de uma cidade que não se esquiva, não treme diante da dor.

Nesses momentos de graça e delicadeza, muito mais do que nos comentários inteligentes sobre música, nas referências históricas e nos retratos literários, Manuel Bandeira se afirma não só como cronista, mas também como poeta. Poeta assombrado que, com o coração brando, descobre no mundo e nas próprias palavras um sentido para existir. Em "Saudação a Vinicius de Moraes", ele sintetizou seu espanto: "Marcus Vinicius/ Cruz de Moraes/ Eu não sabia/ Que no teu nome/ Tu carregavas/ A tua cruz".

Manuel Bandeira foi o poeta da leveza. Sempre disposto a enfrentar dilemas metafísicos, como o sentido da existência, e a tratar de assuntos dolorosos, como a fraqueza e a morte, Bandeira os puxou, com vigor e alegria, para a esfera do chão. A vida, suas miudezas e incoerências estão no centro da escrita de Bandeira. Em um belo poema como o "Discurso em louvor da aeromoça", de *Opus 10*, ele resume essa posição: "Aeromoças, aeromoças,/ [...]/ Não pareceis baixar de céus atuais/ Mas dos antigos/ Quando na Grécia os deuses ainda vinham se misturar com os homens".

A mesma paixão pelas coisas vivas e pela fragilidade humana aparece, também, no crítico de literatura e de artes. Tendência que se manifesta, de modo forte, no segundo volume de suas *Crônicas Inéditas 2* (Cosac Naify, organização, posfácio e notas de Júlio Castañon Guimarães). Os duros e frios críticos de hoje deviam parar um pouco, depor os temores e as armas, e reler Bandeira. Temos todos muito a aprender com ele.

No ano de 1930, como uma senha dessa estratégia, Manuel Bandeira publicou *Libertinagem*, reunião dos poemas escritos a partir de 1924. Em 1933, outro sinal, mudou-se para a mundana Lapa. Em 1936, completou 50 anos; estava pronto para ser, sem mais disfarces, o homem que era. Como crítico, escreveu não só sobre literatura e música, mas também artes plásticas e cinema. Polivalente, Bandeira rachou as fronteiras entre as linguagens e rompeu os grilhões da especialização.

Como um anjo sem asas, que se interessasse mais em rastejar do que em voar, Bandeira passeou pelo mundo, sempre pronto a interrogar a verdade. Muitos fios, sutis, unem suas diversas paixões. Em seu fundo aparece, sempre, o próprio Bandeira. Em uma crônica sobre os retratos que Frederico Maron e Cândido Portinari dele fizeram, o poeta fala com candura da sina dos retratistas, que estão sempre em luta contra seu modelo, empenhados em nele colocar (ainda que com o disfarce da beleza) algo de si. Todo retrato, Bandeira diz, "é mais do artista do que do modelo". É com espanto que fala desses artistas que, "sem o querer, se retratam a si mesmos". Também o crítico não escapa desse destino. A simples escolha de um objeto já é uma marca pessoal.

Quando critica Jorge de Lima, pouco depois de tecer elogios a seu esquecido irmão Mateus de Lima, também grande poeta, Bandeira não exerce apenas o senso crítico; manipula partes de si mesmo e faz escolhas pessoais. A opção pela leveza surge, primeiro, de suas suspeitas para com os excessos da sofisticação. Escrevendo sobre as *Poesias humorísticas*, de Bastos Tigre, e diante de versos antigos do poeta pernambucano, Bandeira anota: "Houve retoques e polimentos. Teriam as emendas piorado os sonetos?" Logo à frente, ao comentar um soneto específico, dá a resposta: "Evidentemente a emenda está ruim. O ritmo e a expressão da primeira versão estão muito mais naturais".

Falando da crítica de arte assinada pelo paraibano Santa Rosa, Bandeira, primeiro, o enche de elogios. "Inteligente como um saci, sensível como uma antena de rádio", diz. Em tese, concorda com Santa Rosa quando esse combate a "constante negligência pela construção" que acomete muitos artistas jovens. Mas logo depois diverge e o espeta: "Tem razão em linhas gerais, mas isso é também, em matéria de crítica, pincelada fácil." Não basta, portanto — como faz Santa Rosa — exigir rigor, qualidade que, ou bem se tem, ou não. A criação transcorre em outra esfera, bem mais etérea. Com a mesma ênfase, Bandeira critica "um excesso de intelectualismo" na poesia do paulista Sergio Milliet. Profetiza: "Será um dia melhor crítico do que poeta." E acerta.

O crítico de arte, Bandeira sugere, precisa considerar a própria ignorância. Visitando o Salão de Artes de 1941, ele especula: "Os expositores dirão: — Esse cronista não entende nada de artes plásticas." Com delicada ironia, apressa-se a concordar com eles: "A verdade é mesmo essa: não entendo nada de artes plásticas. Nem quero entender." Bandeira entendia que o rigor, para o artista, é outra coisa: não é só razão afiada, é entrega a si. Não é por outro motivo que saúda, com grande entusiasmo, a poesia de Adalgisa Nery — grande poeta, hoje inteiramente esquecida. "A sra. Adalgisa Nery, quando escreve, não mede suas palavras", constata. Para expressar admiração pela coragem de Adalgisa, recorre ao conselho célebre de Santa Teresa D'Ávila: "Sejamos todos loucos!" E arremata: "Eis um grito d'alma que deveria ser o moto de todos os poetas."

Com a mesma liberdade interior, Manuel Bandeira saúda um grande escritor muitas vezes criticado por seus excessos: o escocês Robert Louis Stevenson, em quem admira, sobretudo, o "estilo vivo". Depois de se casar com certa mrs. Osborne, e só para divertir o jovem enteado, Stevenson escreveu, por exemplo, *A ilha do tesouro*, de 1882. Na Ilha de Samoa, onde se exilou para tratar uma tuberculose — mesmo mal que infernizou Manuel Bandeira —, Stevenson passou a ser conhecido, entre os nativos, como o Tusitala — isto é, o Contador de Histórias. Simplificação que resume, na verdade, sua grandeza. Nele, Bandeira admira, sobretudo, a "fantasia poética".

Quando analisa a prosa brasileira de seu tempo, ao contrário, o poeta lamenta que mesmo nossos melhores narradores, como Machado e Lima Barreto, exibam "mais as qualidades de observação e crítica, de introspecção ou de construção e estilo, o que lhes dá excelência". Não se esquiva de lamentar que lhes falte, justamente, a força da fantasia. "Neles o trabalho da imaginação é pouco sensível." Corrige-se: "Temos imaginação, mas falta-nos fantasia." A palavra, *fantasia*, ele distingue, deriva de *phantazo*, isto é, "fazer aparecer". Ou seja: fantasia é o poder de transformar a imaginação em algo que possa ser visto. O que, sem dúvida, sobrava em Stevenson — e não foi por outro motivo que ele foi tão invejado por um gênio como Jorge Luis Borges.

Teria sido justamente essa sensibilidade que faltou a André Gide quando, como editor, leu e recusou os originais de Marcel Proust, o poeta especula. Confiando em seu faro profissional, imagina Bandeira, teria Gide lido, apenas, "um trecho tomado ao acaso", dando o livro de Proust por julgado. Sua estratégia "por amostragem", apesar do aparente rigor, deixou escapar o principal: a alma de Marcel Proust. Críticos também precisam se apaixonar, ele sugere. Do mesmo modo que os poetas, não chegam à grandeza sem queimar algo de si. Daí sua admiração por Murilo Mendes. "Ele é um dos cinco ou seis bichos-da-seda da nossa poesia", diz. "Os que tiram tudo de si." Artistas capazes de, com sua obra, espalhar "o contágio, o transe, o pânico". Todos eles, elementos nos quais a razão pura fracassa.

Insatisfeito com *O caminho para a distância*, o livro de estreia de Vinicius de Moraes, Bandeira saúda com entusiasmo seu segundo livro, *Forma e exegese*, mais forte e mais impuro, no qual se respira "o cheiro bom do estrume". Com a mesma franqueza, polemiza com o pintor Lasar Segall, que, em uma entrevista, criticou os artistas que "desejam mostrar nos seus trabalhos formas em oposição, cores gritantes, linhas em choque, objetos que berram". Bandeira faz, com veemência, a crítica da crítica: "O sr. Segall não é um temperamento gritante, não é homem de imaginação, não é um extrovertido." Contrapondo-se com firmeza a Segall, ele afirma com todas as letras: "Reivindico em arte o direito de gritar."

Falando dos haikais, os minúsculos e preciosos poemas japoneses, Manuel Bandeira lembra que o grande mestre do gênero, Bashô, traz o trivial inscrito em seu nome. Em japonês, Bashô quer dizer "bananeira". O apelido surgiu quando ele se recolheu a Yedo para habitar uma pobre cabana junto a um bananal. A cabana foi destruída por um incêndio, sobrou o nome. Observa Bandeira: "Bashô compreendeu que só se deve amar no mundo as coisas belas e passageiras." Essa opção pela leveza define, também, o próprio Bandeira. Ainda hoje, em nossa memória e em nossas leituras, um anjo gordinho e sem asas que, pronto para as pequenas alegrias, passeia pelas frestas do mundo.

(Manuel Bandeira, "Prosa & Verso", *O Globo*)

DEZOITO | **MEMÓRIAS INVOLUNTÁRIAS**

De onde os escritores tiram seus livros? Em que abismos profundos eles os pescam? De que trevas os resgatam? Hoje, na era da internet, suas palavras mais íntimas, abrigadas em sites e e-mails, em geral se evaporam. Pistas muito preciosas, em consequência, se perdem. Mesmo para um escritor maduro, existem zonas secretas em que a escrita, em silêncio, ou em palavras apenas sussurradas, se gera. É doloroso pensar o quanto perderíamos se as *Cartas*, de Graciliano Ramos, agora relançadas em primorosa edição pela Record, desaparecessem para sempre, engolidas pelo abismo do ciberespaço.

A força dessas cartas não surpreende. Para Graciliano, não só a correspondência, mas também a escrita de ficção mantinham, sempre, fortes vínculos com a vida. Em novembro de 1949, aos 58 anos de idade, em plena maturidade literária, ele escreve à irmã Marili: "Arte é sangue, é carne. Além disso, não há nada. As nossas personagens são pedaços de nós mesmos, só podemos expor o que somos." A carta relativiza sua imagem clássica, de romancista da realidade, ou que se debruça sobre a realidade. Já com a obra pronta — morreria menos de quatro anos depois —, ele se apresenta não como um regionalista, ou um realista, não como alguém que arranca a arte do mundo, ou das coisas, mas como um homem que a arranca de dentro de si mesmo.

São muitas as surpresas que, nas cartas, nos esperam. Em nosso século XXI, quando os escritores — imersos em um mundo de imagens feéricas — costumam se apresentar como artífices do visível e são confundidos, frequentemente, com os retratistas e cinegrafistas, elas nos ajudam não só a entender melhor Graciliano, mas a entender melhor o que somos. A correspondência de Graciliano Ramos se oferece, ainda, como um vigoroso autorretrato do escritor. Sem saber que faz isso, ele escreve suas memórias. Nesse sentido, o século XX foi mais denso e firme que nosso vaporoso século XXI. Imagens líquidas, e-mails evanescentes, memórias que se evaporam, nosso século começa volátil e anêmico, sem o sangue e a carne de que Graciliano fala.

Suas cartas, repetindo o que ele disse a respeito de suas ficções, são o resultado de suor e de sangue. Não são desabafos espontâneos, tampouco comentários leves, ao contrário, dele exigem muito. Já em 1914, aos 22 anos, em carta ao amigo de infância J. Pinto, o escritor admite: "Hoje minha divisa é esta — *Não escrever cartas a ninguém*. Tu és uma exceção. E eu desejaria não escrever nem mesmo a ti." Mas escrever é, no seu caso, um destino, uma condenação de que já não pode fugir. Prefere o silêncio, mas as palavras — já nas cartas — insistem em desafiá-lo.

Além do mais, Graciliano não sabe viver sem os outros. Na mesma carta, ele assinala: "Parece-me que nós vivemos numa verdadeira solidão. É por isso que não somos bons. Eu me vou tornando ruim, muito ruim. Creio que acabei de contrair o mau vezo de morder, ocupação predileta dos desocupados." Para fugir de si e de seus males, chega a pensar em se tornar padre. Só no ano seguinte se casaria pela primeira vez, com Maria Augusta de Barros, com quem teve quatro filhos. A esposa morreria, de complicações do parto, em 1920. Em 1928, casa-se de novo, com Heloísa Leite de Medeiros, com quem tem mais quatro filhos — entre eles, o escritor Ricardo Ramos (1929-1992).

Seu pessimismo e sua tristeza diante do mundo se originam não de leituras, ou de filosofias, mas do sentimento de que nem a própria vida ele chega a dominar. Escrevendo à irmã Leonor, já em 1914, desabafa: "Não tenho feito nada no terreno das *cavacações*. Sou foca no *Correio da Manhã* e não sei quando poderei chegar a alguma coisa. Entretanto, não desanimo." Ao falar das cavacações, Graciliano se refere à luta para viver; mas podemos pensar, ainda, em sua literatura, que logo tomará a forma de uma discreta, mas enérgica, escavação de si mesmo. Aos 22 anos, não podia antever o que lhe esperava: só em 1933, pela Schmidt, publicou *Caetés*, seu primeiro livro. Logo seguido, em uma febre interminável, de *S. Bernardo* (1934), *Angústia* (1936) e *Vidas secas* (1938), seus três livros maiores, todos gerados durante os 40 anos de idade.

Graciliano Ramos foi, mais que um autor realista, um homem realista, para quem o fracasso e o mal eram partes inerentes da existência. Em 1947, com a fúria de um pai severo, ele escreve ao filho Júnio: "Andamos todos numa atrapalhação dos diabos, levados pela correnteza, nadando à toa, sem enxergar margem." Mais à frente, com sua habitual franqueza, admite: "Às vezes praticamos burrice vendo as consequências e não encontramos meio de evitá-las. Em determinadas situações, mandamos tudo para o diabo, queimamos as alpercatas e esperamos tranquilamente o naufrágio." Graciliano transportou para suas ficções esse desprezo pelos ideais. Sua convicção de que o homem é fraco — e, por isso, em vez de sonhar, só lhe resta fazer alguma coisa dessa fraqueza. E, ainda, seu apego amargo, mas forte, à condição humana. "Mudamos de profissão, vamos para o hospital ou para a cadeia, fabricamos romances ou vendemos cereais. Tudo no fim dá certo." Não deixa de haver, nas entrelinhas, um otimismo triste. Desiludido, mas otimismo.

Não se esquiva de observar em si rasgos de fraqueza e de falta de inteligência. Já em 1915, em carta à irmã Leonor, com uma franqueza masculina, observa: "Tenho andado com alternativas de fecundidade e de estupidez, o que não é mau de todo." Critica, sem piedade, seus próprios escritos: "Isso não é Arte, é claro, nem mesmo chega a revelar talento — uma certa habilidade, talvez." É com desencanto que Graciliano observa a si mesmo. É dessa atitude dura, quase impiedosa, que ele retira não só a força para viver, mas a força para escrever. Sabe que, para sobreviver no meio literário, precisará de uma máscara. Descreve-a: "É preciso ser afoito, imodesto, cínico até. Não poderás saber a quantidade de pedantismo necessária a um tipo desta terra, onde tudo é *fita*, para embair a humanidade."

Há uma dose inequívoca de crueldade não só no modo como Graciliano se julga, mas como observa e julga seus grandes personagens. Nenhuma maquiagem, nenhum pudor, nenhuma condescendência. As coisas como elas são. Essa atitude, em vez de conduzi-lo ao realismo das grandes paisagens e dos grandes temas sociais, contudo, o leva ao coração do real. Basta reler *Angústia*, *S. Bernardo*, *Vidas secas* — o que neles se expõe, mais do que a crueza de uma terra, é o estrago que ela provoca nos homens.

Em 1921, viúvo em Palmeira dos Índios, onde viria a se tornar prefeito, escreve ao amigo. J. Pinto: "Sou um pobre-diabo. Vou por aqui, arrastando-me, mal. Há cinco anos não abro um livro. Doente, triste, só — um bicho." Mais do que um mau humor, ou o tédio, essas duras confissões exibem a dor profunda de que Graciliano arrancou sua escrita. *Cavacações* interiores, como ele disse, descidas íngremes até regiões que, em geral, preferimos esquecer. Tem só 29 anos de idade, mas já se vê próximo ao fim. "Aborrecimentos, amolações doenças, meu velho. Ando gasto, acabado." Prossegue: "Perdeste as ilusões, dizes. Eu, por mim, nunca as tive. Podes acreditar. Sou, talvez, no mundo o indivíduo que menos confiança tem em si mesmo." Vê o sonho de se tornar escritor como uma tolice impossível. "Escrever, hoje, com a minha idade? Que pensas de mim? Sou um homem da ordem e sou uma cavalgadura, meu velho. Mas uma cavalgadura completa, sem presunção de espécie alguma."

Entre suas cartas de amor a Heloísa, uma delas, datada de 1928, se destaca pela força. Fala de si: "A insipidez cresceu, o deserto aumentou. Tenho a impressão de que há em redor de mim um desmoronamento, não encontro firmeza em nada, o próprio solo em que piso é traiçoeiro e cheio de perigos." Mais à frente, médico de si mesmo, diagnostica: "Creio que estou realmente doido." Imerso em sua dor, Graciliano não chega a entender que experimenta as dores de uma difícil gestação. Que, pouco depois, a literatura o salvará. Os 40 anos se aproximam. A longa travessia o leva, sem que entenda isso, a um futuro glorioso. É sobre esse piso traiçoeiro e esse mundo adverso que sua literatura se ergue. Graciliano está quase pronto. Através de suas cartas, vemos o grande escritor nascer.

(Graciliano Ramos, "Eu &", *Valor Econômico*)

DEZENOVE | **UM LIVRO É UM GATO**

Lygia Fagundes Telles costuma recordar uma frase que leu no mostrador de um relógio de praça, em Paris: "Horas non numero nisi serenas" [conto somente as horas felizes]. A máxima estabelece uma difícil noção de felicidade: a que carrega em seu fundo a infelicidade. O importante, sugere, é, mesmo sem negá-la, não se submeter à infelicidade. Saltar sobre elas, e fixar-se nas horas felizes. Momentos que, para Lygia, tomam corpo na literatura.

Agora que sua obra recebe uma edição de luxo com o selo da Companhia das Letras, a frase volta a se oferecer como guia para seus leitores. Seus livros são uma procura intensa da felicidade por entre as fendas de dor. Nessa luta, o escritor conta com a sensibilidade. Como escreve Ananta Medrado, personagem do romance *As horas nuas*, de 1989: "Eu me aproximo das pessoas como um ladrão que se aproxima de um cofre, os dedos limados, aguçados, para descobrir, tateantes, o segredo."

Para Lygia, o escritor precisa cultivar três atributos: a insatisfação, a percepção e a intuição. Dito de outro modo: nenhum escritor vive sem sua fome, seu faro e seus arrepios. Compara os escritores aos gatos, animais por que é apaixonada. Não há outra maneira de avançar por entre os escombros da realidade senão pisando levemente. A própria vida de Lygia Fagundes Telles está cheia de momentos em que a invenção e a alegria brotaram da dor.

Ano de 1971, plena ditadura militar. Lygia rascunha as primeiras páginas de *As meninas* — um dos três primeiros livros agora reeditados. Começa seus relatos tateando no escuro; a luz vem de onde menos ela espera e pode, até, vir das trevas. O porteiro a interrompe trazendo a correspondência. Entre as cartas, um panfleto anônimo. Impresso em um mimeógrafo, com rasuras e borrões, ele relata a tortura de um preso político.

Trêmula, Lygia o mostra ao marido, Paulo Emílio Sales Gomes. "O que faço com isso?", pergunta. "Aproveite em seu romance", ele sugere. "É arriscado, mas acho que vale o risco." Nesse momento nasceu Lia, a "subversiva", que, ao lado da "burguesa" Lorena e da "drogada" Ana Clara, protagonizam *As meninas*. Moças de seu tempo, sempre em combate contra os limites estreitos da realidade. Surgia, em particular, a dolorosa narrativa de uma tortura, que se estende por duas páginas do romance. Depois de redigir a cena, Lygia a mostrou a Paulo. "Está ótimo. Perigoso, mas ótimo", ele disse. Vendo o terror estampado em seus olhos, procurou tranquilizá-la: "Caso você venha a ser interrogada, dirá simplesmente que não pode responder pelas suas personagens, que são livres, completamente livres."

Dois anos depois, a crítica recebeu *As meninas* com grande entusiasmo. As posições se inverteram: Lygia não cabia em si de alegria, mas Paulo, agora, andava preocupado. Um dia, porém, chegou rindo em casa. Tinha um amigo que era próximo aos homens da censura política. Através dele, soube que o censor encarregado de ler *As meninas* não conseguiu passar da página quarenta. "Ele achou tudo muito chato." A preguiça intelectual o fez largar o livro 108 páginas antes daquele que é, talvez, seu momento mais forte. "Você escapou!"

Uma apreciação sutil veio, pouco depois, do poeta Carlos Drummond de Andrade: "Que matéria viva e lancinante", escreveu. Em *As meninas*, como em suas outras narrativas, Lygia não se limita a narrar a realidade brutal. Frequenta, também, zonas escuras que a carregam para além das circunstâncias. Aos que lhe perguntam sobre o que busca quando escreve, costuma responder com uma ideia do filósofo Henri Bergson: "Nunca saberemos até que ponto vamos atingir, se não nos pusermos imediatamente a caminho."

Se o escritor é um peregrino da realidade, nos mostra Lygia, ele é também alguém que não dispõe de uma bússola e que só conta consigo mesmo. Ou com aquilo que Bergson chamava de intuição, força inexplicável que nos carrega para o coração das coisas. A literatura se transforma, assim, em uma procura. Segue os versos célebres de Carlos Drummond: "Penetra surdamente no reino das palavras/ Lá estão os poemas que esperam ser escritos". Lygia Fagundes Telles é uma leitora apaixonada de Drummond. Agarra-se a momentos assim: "Chega mais perto e contempla as palavras./ Cada uma/ tem"; mil faces secretas sob a face neutra".

Lygia sempre leu mais poesia que prosa. É não só uma escritora intimista, mas uma miniaturista, que se apega às miudezas do humano — pequenas partes que, uma vez retiradas, porém, tornam o humano desumano. A literatura é um instrumento para esmiuçar o mundo. Esse gosto pelo menor, muitas vezes, é entendido como perversidade. Nada a faz, porém, perder a elegância. Em certo jantar, em São Paulo, ouviu de Jorge Luis Borges uma revelação. "Tenho um amigo que morreu quando deixou de sonhar." Gosta de repetir a frase espantosa, mas sempre esconde o nome do amigo misterioso de Borges. "No exato momento em que Borges mencionou seu nome, alguém deixou cair uma taça, e não consegui ouvir", explica.

O nome perdido do amigo de Borges é o ponto zero — ponto morto — sobre o qual ela tece seus escritos. Voltemos a *As meninas*: romance solar, forte retrato de uma época. Muito bem. Mas quando o leitor resolve procurar em qual das três protagonistas Lygia se esconde, nada acha. Lygia não é nenhuma delas, mas um rombo — um zero — que entre elas se abre. Zero que sustenta a escrita. O zero é um número que não tem nuances; é um número desumano ou, com outras palavras, é um ralo pelo qual o humano escorre. É sobre esse abismo que Lygia escreve.

Uma de suas personagens, Lorena, resume a visão de mundo dominante em sua literatura: "No fundo somos todos um pouco loucos." Isto é: não somos intercambiáveis. Seus personagens não escapam da perplexidade e, por isso, parecem estranhos. Lygia trabalha em um mundo intermediado pelas sombras e pelos meios-tons, em que a nitidez é uma mentira. Nada mais opressor que uma imagem nítida; elas estão banidas de seus livros. Era nisso, por certo, que o crítico Otto Maria Carpeaux pensava quando falou da "delicadeza atmosférica" de Lygia.

Quando visitou São Paulo, no início dos anos 1950, o escritor William Faulkner passou a maior parte do tempo alcoolizado. "Ele nunca sabia onde estava, olhava para nós como se estivesse submergindo", Lygia — leitora apaixonada de Faulkner — descreveu depois. Certa tarde, ela o acompanhou a uma visita ao Butantan. Depois de cumprimentá-la, Faulkner, muito sereno, perguntou: "Isso aqui é Chicago?" Com a placidez dos monges, Lygia respondeu: "Não, sr. Faulkner, estamos em São Paulo, Brasil." Recorda ainda hoje seu olhar de espanto. Pouco depois, Faulkner se virou e disse: "Você tem lindos olhos." Sempre irônico, o escritor Mário da Silva Brito, que os acompanhava, resmungou nos ouvidos da amiga: "Não se esqueça de colocar esse comentário na orelha de seu próximo livro. É o único comentário que Faulkner conseguiu fazer a respeito da literatura brasileira." Lygia riu, mas estava em outra sintonia. Aquele instável Faulkner confirmava toda a grandeza que dele esperava.

As zonas de mistério são, por definição, o cenário das narrativas de Lygia. Não cede, porém, à sedução do fantástico, ou do espantoso. Para ela, o mistério — como em Julio Cortázar, com quem tem um vínculo secreto — se esconde nas pequenas coisas, nas insignificâncias. O surpreendente não é que existam extraterrestres, ou vampiros. O surpreendente, como já disse, é que, na Pérsia, todos os gatos sejam persas.

Escreve por impulsos — sente-se impelida a trilhar certa direção e simplesmente avança. A intuição a governa. Certa vez, durante um voo da Cidade do México a Paris, o avião enfrentou uma fortíssima tempestade. Naquele avião que sacolejava e despencava, ela se sentiu como se estivesse escrevendo. "Não sei o que há lá fora. Não sei o que vai acontecer. Eu me entrego", resumiu depois. Não escreve para chegar a esse, ou àquele lugar. Gosta de uma reflexão de Cortázar: "Um livro é um gato. Você o joga para o alto e do jeito que ele cair, caiu."

(Lygia Fagundes Telles, "Prosa & Verso", *O Globo*)

VINTE | A IMAGEM ENCOBERTA

CONTRA AS IDEIAS RÍGIDAS, A PERSISTÊNCIA DO PENSAMENTO. CONTRA os dogmas, o apego à reflexão. A despeito dos lugares comuns e das palavras de ordem, insistir, sempre, no pensamento crítico. Essa sempre foi a posição firme do crítico literário e intelectual palestino Edward Said, falecido em setembro de 2003, aos 67 anos, de leucemia. Radicado em Nova York desde os anos 1960 e professor por longo tempo da Universidade de Colúmbia, Said foi um amante, mas também um combatente vigoroso da vida americana.

Nunca perdeu ou abandonou os laços pessoais com a luta dos palestinos, posição que lhe custou graves incompreensões. Não só entre os americanos, mas entre os próprios palestinos, já que Said, em vez de um Estado palestino independente, defendia a criação de um Estado binacional, no qual as duas partes conviveriam em harmonia. A direita americana o chamou de "o profeta do terror". Os judeus, de "nazista". Por defender a coexistência entre judeus e palestinos e ser contra a luta armada foi também duramente criticado por árabes radicais.

Não é fácil, mas é muito estimulante pensar com Edward Said. Uma ótima oportunidade surge no ano de 2006, com a chegada às livrarias da tradução brasileira de *Cultura e resistência* (Ediouro), um longo conjunto de entrevistas que ele concedeu, entre 1999 e 2003, ao jornalista americano David Barsamian. Seu entrevistador, como nota o escritor Milton Hatoum já na orelha do livro, faz da entrevista "a arte do imprevisível". Não poderia haver interlocutor mais adequado para Said, um intelectual para quem o diálogo era a arte de expandir ideias, de desarrumá-las, não de fixá-las.

A passagem veloz do tempo não tirou a força do pensamento de Edward Said, só o poliu. Nascido em Jerusalém, ele estudou no Cairo e na Palestina antes de se mudar para os Estados Unidos, onde cursou o bacharelado em Princeton e se tornou, em seguida, Ph.D. em Harvard. Conhecia a vida americana por dentro, daí a força de suas críticas ao presidente Bush e à longa estratégia militar do país no Oriente Médio.

Said via em Bush um novo capitão Ahab, o famoso personagem de *Moby Dick*, mais célebre romance de Hermann Melville. "Ahab era um homem possuído pelo impulso obsessivo de caçar a baleia branca que lhe fez mal", recorda. Moby Dick era, para Ahab, não apenas uma baleia, mas a própria encarnação do Mal metafísico — exatamente como Bush vê seus inimigos, Said observa. Também Osama Bin Laden, ele pensava, foi demonizado pelos americanos, "transformado em Moby Dick, feito o símbolo de todo o mal no mundo".

Não, Said não contemporizava com os horrores de 11 de setembro, uma série de eventos, a seu ver, planejada "para chocar, aterrorizar, paralisar e todo um conjunto de coisas terríveis e indesculpáveis". O grande erro, ele acreditava, foi dar forma mitológica a Bin Laden. "Acho que temos que secularizar o homem, trazê-lo ao reino da realidade, tratá-lo como um criminoso, um demagogo e puni-lo conforme for", disse. Tratá-lo como um réu, e mais nada.

Daí a oposição sempre ferrenha de Said à estratégia militar americana. Ao transformar Bin Laden e os terroristas em novas encarnações do Mal, o presidente Bush, pensava Said, saiu da esfera da política para entrar no campo mais nevoento da metafísica — em que ele sempre se sentiu, na verdade, mais à vontade. Passou, assim, a fazer o mesmo jogo dos terroristas, diz Said, eles também empenhados em realizar "um tipo de transição metafísica para um outro reino — o reino da louca abstração e generalidades mitológicas".

Em consequência, alertava com firmeza já em setembro de 2001, os políticos e a mídia americanos passavam a imitar outro personagem célebre, o sanguinário Kurtz de *Coração das trevas*, o mais famoso livro de Joseph Conrad. Em particular, no momento em que Kurtz, tomado pela fúria e pela loucura, ordena: "Exterminem todos os bárbaros!" Frase síntese de uma posição, ela ilustra, no entender de Said, tanto os atentados horripilantes contra o Ocidente como as ações militares americanas em resposta a ele. E fixa a impossibilidade de uma solução.

Também para os terroristas, descreveu Said, "o Ocidente representa tudo o que é feio e malévolo no mundo". Daí eles se apegarem, com tanta cegueira, a seu destino, que seria o de purificar o mundo e "fazer o trabalho de Deus". Erguidos à cena desse grande teatro metafísico, percebia Edward Said, os problemas no Oriente Médio só tendiam a se agravar, avaliação que a história contemporânea, infelizmente, não se cansa de tornar evidente.

Contra a insanidade e a violência cega, Said propõe, o homem deve se apegar à cultura, que ele via como a mais eficaz das formas de resistência. "A cultura é uma forma de memória contra a aniquilação", resumiu. Citava, então, Mahmud Darwish, o principal poeta nacional palestino, que, com seu estilo meditativo e lírico, que se assemelha ao de um Neruda e de um Yevtushenco, nunca se cansou de denunciar a barbárie. Desse modo, e sem ser um poeta religioso, Darwish conseguiu trabalhar com a linguagem do Corão e dos Evangelhos, tocando nas bases das religiões e dos mitos.

Para Said, todo poeta, mesmo que não se proponha a isso, responde às necessidades políticas e históricas de seu tempo — isso ainda que, como Darwish e Neruda, pratique a poesia lírica, que é a forma mais privada de todas. Um poeta como Darwish, com seus versos suaves, lembrou Said, desmente, ainda, o mito de que o árabe é uma língua violenta. "Tudo faz parte do mesmo arsenal de clichês orientalistas projetados para alienar, distanciar e desumanizar um povo", diz Said. Contra essas brutalidades, ele pensava, só a delicadeza da poesia.

Contra o fanatismo tanto de Bin Laden como de Bush o vigoroso Said propunha uma voz sutil como a de Darwish. Voz que aposta na força da palavra. Ele lembra, a propósito, que a palavra escrita foi inventada no Iraque. Por isso, Said criticava com ênfase a lógica simplista da mídia americana, para quem todo o problema do Iraque era Saddam Hussein. Edward Said sabia que Saddam era um ditador sanguinário. Mas uma civilização como a do Iraque, que vem da Suméria, da Assíria e da Babilônia, ele lembrava, e que tem (tinha) a capital artística do mundo árabe, Bagdá, não podia ser reduzida aos desvarios de um ditador.

Foi com essa firmeza que Edward Said combateu a separação simples e mecânica entre judeus e palestinos, base de todos os planos de paz para a região. Separação que, ele dizia, era, na verdade, a instauração de um novo apartheid, nos mesmo moldes do praticado na África do Sul. Said conhecia bem o preço a pagar por suas posições — e enfrentou, com vigor, a acusação de "antissemitismo", que nunca aceitou. Ele lembra, para começar, que "historicamente, na Europa do século XIX, o antissemitismo incluía tanto os judeus como os árabes". Árabes, hebreus, assírios, aramaicos, fenícios compunham, no passado, a grande família etnográfica dos semitas. Estavam, já desde muito longe, juntos.

Além disso, Said prossegue, todos os horrores imperdoáveis praticados contra os judeus, como o Holocausto, não autenticam horrores semelhantes, ainda que em escala menor, contra os povos islâmicos. "Todo o horror ao Holocausto não é o mesmo que aceitar que os judeus oprimam outro povo", diz com firmeza. Mais uma vez, Said procura se desviar da perspectiva redutora das ideologias para se pautar, ao contrário, pelas nuances mais tortuosas, e frequentemente mais difíceis, da realidade. "Não é uma questão de comparações", ele enfatiza, "é uma questão de dizer que ambos são inaceitáveis".

Amparando-se sempre em exemplos literários, Edward Said cita relatos como "Funes, o memorioso", de Jorge Luis Borges, e "Na colônia penal", de Franz Kafka, que o ajudam a refletir sobre a destruição — cada vez mais banal em nosso miserável mundo — da vontade de viver. "Como você planeja um aparato para destruir o desejo coletivo, para destruir a vontade de viver? Isso é o que Kafka estava investigando", observa. Por isso, Kafka é um escritor tão atual.

Quando uma tela como a dramática *Guernica*, que Pablo Picasso pintou em 1937, é coberta, na entrada do prédio das Nações Unidas em Nova York, em honra à visita do então chanceler americano Colin Powell, é porque alguma coisa em nosso mundo está muito, muito errada. "Tudo deve ser higienizado e transformado numa cobertura ao estilo da CNN", Said descreve. Estilo asséptico em que, ele diz, "a guerra se tornou uma experiência eletrônica e não humana".

 Senso do humano que Edward Said, mesmo quando a doença já o devastava, nunca perdeu de vista. E que hoje, no entanto, tantos tomam como ineficaz. Contra esse estado de anestesia, Said propunha que voltássemos a uma sentença simples de Joseph Conrad: "A conquista da terra não é muito bonita quando você olha demais para ela." E Said prossegue por Conrad: "Isso envolve a tomada da terra de pessoas que têm o nariz chato e a pele mais escura do que a nossa." Imagens diretas, mas brutais, que se atualizam quando dezenas de crianças são mortas em um bombardeio, como em 2006 no Líbano. Mas que o mundo de hoje, fascinado pela técnica e pelos valores da estratégia, se esforça — como se fez com o *Guernica* em Nova York — para simplesmente apagar.

(Edward Said, "Eu &", *Valor Econômico*)

VINTE E UM | **VIRGINIA DE BIGODES**

Na edição do dia 16 de fevereiro de 1910, uma quarta-feira, o *Daily Mirror*, de Londres, publicou, na primeira página, a história de uma farsa. Uma atrevida brincadeira, que tinha tudo para dar errado, mas deu certo, e que ficou conhecida como "a farsa de *Dreadnought*". Seu autor intelectual foi Horace Cole, um rapaz dado a piadas de mau gosto e a bizarrices. Ele era o maior amigo de Adrian Stephen, o irmão caçula de Virginia Woolf.

O alvo foi o *H. M. S. Dreadnought*, o maior navio de guerra da Marinha Real Britânica. A fotografia que o *Daily Mirror* estampa no alto de página é famosa. Mostra o príncipe Makalen, imperador da

Abissínia, em visita solene ao navio real, escoltado por três nobres membros de sua comitiva, um intérprete alemão e um representante do corpo diplomático. Os três nobres que acompanham o imperador estão identificados como Sanganya, Mandok e Mikael Golen. Sob o turbante, barba postiça e a complicada vestimenta do príncipe Sanganya, está, oprimida pelo medonho disfarce, na verdade, a escritora Virginia Woolf.

O principal biógrafo de Virginia, Quentin Bell, conta que a farsa começou com um comunicado solene. Um amigo de Adrian, Tudor Castle, telegrafou para o comandante em chefe da Marinha Britânica, identificando-se como representante do Ministério do Exterior e anunciando a iminente chegada a Londres do imperador da Abissínia. Sua Majestade estava interessada em visitar o navio. Coube a Anthony Buxton, amigo de Horace, desempenhar o papel de Makalen, o imperador da Abissínia. O próprio Horace, de fraque e cartola, apresentou-se como funcionário do Ministério do Exterior e autor do telegrama.

A Adrian Stephen, o irmão de Virginia, coube o papel de intérprete oficial da comitiva. Guy Ridley como o príncipe Mandok e Duncan Grant como Mikael Golen completavam o séquito imperial. Dois dias antes da performance, Horace Cole concluiu que precisava de uma comitiva mais numerosa e, às pressas, arriscou-se a convidar Virginia Woolf para o papel de príncipe Sanganya. Contrariando as advertências da irmã Vanessa, que se preocupava com sua saúde nervosa, e surpreendendo Horace, ela aceitou o convite com grande entusiasmo.

Quentin Bell assim descreve a trapalhada: "Ninguém tinha a mais vaga ideia de como era um abissínio, muito menos um imperador da Abissínia. Dependiam de umas poucas palavras que podem ter sido em suaíli (língua do povo banto que habita Zanzibar), da pintura de graxa do sr. Clarkson, e de um guarda-roupa muito pouco convincente, talvez destinado a uma apresentação de *Il seraglio*, para iludir a vigilância da Marinha." Além da graxa espalhada pelo rosto, para torná-lo moreno, Virginia colocou um turbante oriental, uma barba espessa e bigodes falsos. A célebre fotografia a mostra contrita, de braços cruzados e olhos esbugalhados, provavelmente pelo medo, mas talvez também pela grande excitação.

O objetivo de Adrian Stephen, quando embarcou na farsa de Horace, era provocar um primo, William Fisher, comandante da capitânia, a quem odiava e que seria, por força de sua posição, escalado para recepcionar o imperador. Na chegada de trem a Weymouth, a área de desembarque da gare estava bloqueada pela Marinha e soldados lutavam para conter a multidão de curiosos. Ao que se podia lembrar, era a primeira vez que o imperador da Abissínia (atual Etiópia) visitava a cidade. Depois do desembarque solene, uma lancha a vapor levou-os até o *Dreadnought*. Como Adrian previra, William Fisher foi encarregado de presidir a recepção. Sabe-se que, durante os cumprimentos solenes, só a muito custo Virgínia conseguiu conter uma explosão de riso. A farsa, por sua culpa, esteve a ponto de desabar. Mas tudo deu certo.

Quando, com o auxílio do falso tradutor, Fisher dirigia perguntas ao imperador, ele respondia, com grande entusiasmo, recitando trechos de Virgílio. Virginia limitou-se a balbuciar algumas palavras em grego, língua que começou a estudar na adolescência e que dominava com afinco. Finda a comédia, o próprio Horace Cole, seu autor, encarregou-se de fazer a notícia da farsa chegar à redação do *Daily Mirror*, já que seu objetivo final era a fama e, sobretudo, o escândalo. Na manhã seguinte, ela estava na primeira página do jornal.

Foi tudo muito divertido, mas os biógrafos, não apenas Quentin Bell, registram a forte depressão que acometeu Virginia Woolf poucas semanas depois. Não se pode culpar apenas a excitação nervosa que a brincadeira desencadeou. Desde menina, Virginia Woolf sofria de graves depressões. Talvez tudo tenha começado aos 6 anos de idade, quando seu meio-irmão, Gerald Duckworth, de 20 anos, a agrediu sexualmente. A violência sexual se repetiu aos 13 anos, logo após a morte da mãe, Julia Stephen, fato que a levou a uma forte depressão. O agressor, dessa vez, foi o segundo meio-irmão, George, de 25 anos.

Aos 22 anos, Virginia teve uma segunda depressão, ainda mais grave, que a levou a uma frustrada tentativa de suicídio. Jogou-se de uma janela da casa da família, mas não contou que a altura fosse insuficiente para matá-la. No mesmo ano de 1905, o irmão Thoby, dois anos mais velho, criou a Sociedade da Meia-Noite, uma confraria universitária que funcionava todas às quintas-feiras à noite na casa dos Stephen. Escritores como E. M. Forster e T. S. Elliot, pintores como Duncan Grant (um dos farsantes de 1910), e economistas como Lytton Strachey, que se tornaria grande amigo de Virginia, e Leonard Woolf, seu futuro marido, costumavam frequentar as reuniões.

O ano de 1905 estabelece, assim, o duplo caráter que marcará, para sempre, a vida de Virginia Woolf: de um lado, a efervescência intelectual; de outro, as experiências depressivas. As duas faces, positiva e negativa, de um mesmo destino. Nova depressão aparece no ano seguinte, quando Thoby morre de febre tifoide. Ainda no mesmo ano, a irmã mais velha, Vanessa, se casa. Sozinhos, agora dependendo um do outro, Virginia e Adrian, o irmão mais moço, se mudam então para o número 29 da praça Fitzroy, onde Virginia começa a escrever seu primeiro livro, *A viagem*, de 1915.

Em 1909, ano anterior à farsa de *Dreadnought*, o economista Lytton Strachey, um homossexual assumido, a pede em casamento. Virginia admirava o amigo, em particular sua refinada inteligência. Já não suportava mais a solidão, já não dava conta de si. Por isso, mesmo conhecendo as difíceis condições da união, aceitou o pedido de Lytton, mas ele imediatamente voltou atrás. Ela só viria a se casar, com Leonard Woolf em agosto de 1912.

Ainda no ano de 1909, Virginia sofreu forte assédio amoroso do crítico Clive Bell, marido da irmã, Vanessa. Para disfarçar suas pretensões com a cunhada, Clive inventou um jogo no qual um grupo de amigos, em que eles dois se incluíam, trocava cartas entre si com nomes falsos e assumindo o papel de personagens imaginários. Sempre predisposta à invenção, Virginia se empolgou com a brincadeira, uma espécie de baile de máscaras cujo único objetivo, para seu inventor, era conquistá-la. Foi Lytton Strachey quem a fez ver que embarcava em uma aventura perigosa. Ainda assim, ela passou um longo tempo envolvida com Clive e com seu jogo funesto.

A farsa de *Dreadnought* a pega, portanto, em um período muito solitário, em que só jogos e brincadeiras aliviavam sua tristeza. Mas, de bigodes, barba e turbante, Virginia, se conseguiu se divertir um pouco, experimentou também um grande contragosto. No ano de 1913, uma crise depressiva mais forte explode, levando-a a uma segunda tentativa de suicídio, dessa vez com a ingestão de barbitúricos. Em 1914, mais uma crise depressiva, agravada pela declaração de guerra. Quando *A viagem* foi lançado, em 1915, Virginia alternava estados de grande excitação, em que falava compulsivamente e, por vezes, de coisas incompreensíveis, com estados de apatia, que se assemelhavam ao coma. Já não é possível negar que a agitação e a depressão sejam aspectos decisivos não só de sua personalidade, mas também (o que mais nos interessa aqui) de sua literatura.

O grande drama de Virginia Woolf, avalia Quentin Bell, é "ser suficientemente lúcida para reconhecer a própria insanidade". Ele compara: "Assim como alguém sabe que está sonhando no momento em que começa a acordar. Entretanto, ela não conseguia acordar." Foram os delírios cada vez mais intensos que a levaram, em 1941, com os bolsos cheios de pedras e caminhando devagar como se desse um passeio de fim de tarde, a se afogar nas águas do rio Ouse. Deixou um romance incompleto, *Entre os atos*, que hoje pode ser lido não só como uma sinopse de sua vida, mas também do modo como enfrentou a aflição. *Entre os atos* conta a história de uma representação teatral, encenada por amadores, em uma cidade do interior da Inglaterra. A montagem da peça põe em cena, atrás da cortina, alguns dos mais difíceis elementos da existência humana.

A história da literatura de Virginia Woolf é, em grande parte, a história de como se armou — de sonhos, de farsas, de palavras — para enfrentar a eminência da loucura. A literatura como escudo, como arma defensiva — como teatro. Como uma couraça ou fantasia que se veste para resistir ao irresistível e apegar-se ao que não se pode pegar. Como um punhado de graxa, um turbante, uma barba e um par de bigodes que alguém veste, sem saber muito bem por quê. Talvez só para, por breves momentos, e ainda que precariamente, experimentar a sensação de existir.

(Virginia Woolf, *Rascunho*)

VINTE DOIS | **LITERATURA E MEDO**

A LEITURA DE *PAPÉIS INESPERADOS*, DO ARGENTINO JULIO CORTÁZAR, reunião de artigos breves e dispersos organizada por Aurora Bernárdez e Carlos Álvarez Garriga, que chega agora ao mercado brasileiro (Civilização Brasileira, tradução de Ari Roitman e Paulina Wacht), me inspira uma recordação pessoal. Já relatei a história, que aqui me preparo para repetir, em *Inventário das sombras*, livro de 1999. Se me permito esse retorno é só porque minha pequena experiência me ajuda a pensar, desde o interior, uma tese crucial de Cortázar: a que liga, de forma dolorosa, mas potente, a literatura e o medo.

Serei rápido. Em 1977, enviei os originais de um conto (sofrível e que, por isso mesmo, nunca publiquei) a Clarice Lispector. Esperava, é claro, que a voz de Clarice me autorizasse a prosseguir na via da ficção. O tempo passou, não recebi resposta alguma. Até que um dia, Clarice me telefonou. Foi, como sempre, lacônica, quase ríspida. "Li seu conto", ela me disse — e isso, na verdade, me bastava. Mas, sem se importar com minhas esperanças juvenis, prosseguiu: "Você é um homem muito medroso e com medo ninguém escreve."

Essa pequena história me volta, com toda a sua força, enquanto leio "Uma infância medrosa", artigo que Cortázar publicou originalmente na revista mexicana *Processo*, no ano de 1983, e incorporado agora à antologia de inéditos. Sem nos poupar das reflexões mais difíceis, e sem poupar a si mesmo, ele começa: "Indagar-me sobre o medo na minha infância é abrir um território vertiginoso e cruel que tentei inutilmente esquecer."

Lembra Cortázar que todo adulto é hipócrita frente aos aspectos mais dolorosos de sua infância. Todo adulto reprime em sua memória aquilo que, no passado, julgava vergonhoso; e depois reprime nos filhos as mesmas experiências, sob o argumento duvidoso de que deseja poupá-los da vergonha. Esses momentos de insegurança e pavor, no caso dos escritores, encontram, porém, uma via especial de retorno. Os medos da infância, ele nos lembra, não voltam apenas na forma dos pesadelos noturnos, que nos acompanham até a velhice com o mesmo frescor da juventude, mas também em outros pesadelos — talvez ainda mais apavorantes — que retornam na forma mais sofisticada da ficção.

Invertendo as palavras que ouvi de Clarice Lispector, podemos, talvez, resumir as coisas assim: "Sem medo ninguém escreve." Com quem ficar? Com Clarice e sua negação do medo, ou com Cortázar, e sua afirmação da grandeza do medo? A única resposta possível, acredito, é complicada, se parece com uma fuga, não nos oferece uma solução: devemos ficar com os dois. Por quê? Ambos encaram o mesmo fantasma.

Recorda Cortázar que não é preciso que uma criança tenha experiências traumáticas ou sofra de alguma violência para que o medo nela se instale como uma doença incurável. Não se pode curar o medo, mas é possível não sucumbir a ele e até, como sugere o escritor argentino, transformá-lo em um fator positivo. Grandes medos não surgem apenas da solidão, do desamparo ou da escuridão, coisas que as crianças tanto abominam. Podem surgir, também, de experiências benignas — por exemplo: da leitura precoce de ficções. Aqui a cobra devora a própria cauda: leituras de ficções muitas vezes geram medos que só se solucionam com a escrita de outras ficções. Enroscada na manta sinuosa do medo, a literatura, assim, avança.

Mas de onde vêm os medos? Cortázar nos ajuda a pensar e chega aqui ao centro de tudo: "O vórtice do pavor sempre foi a manifestação do sobrenatural, daquilo que não se pode tocar nem ouvir nem ver com os sentidos habituais." Em outras palavras: a literatura precisa do medo, uma vez que ela atua como um substituto do tato, da audição e da visão. O que não se pode tocar nem ouvir nem ver, ainda assim, se pode ler. Mais que isso (e aqui a literatura se afirma como uma máquina de imaginar): se pode inventar, sonhar, fantasiar.

Para escrever (estranho destino!), o escritor necessita de uma doença que o sustente. No caso de Cortázar — de novo o retorno às palavras, que nunca se esgotam —, a origem desse mal estava na própria ficção. Aos 8 ou 9 anos de idade, ele fez a leitura clandestina (porque proibida pelos pais) dos contos de terror de Edgar Allan Poe. Os relatos de Poe lhe provocaram "um horror unívoco que literalmente me fez adoecer durante meses e do qual nunca me curei totalmente".

Lendo Poe, aprendeu que o pior medo estava dentro dele mesmo. Na escola, seus colegas tinham medo de fantasmas e outras ameaças externas. Rechaça Cortázar: "A ideia do fantasma típico, com lençol branco e barulho de correntes, nunca me preocupou." Os fantasmas que o atormentavam eram de outra espécie — aqueles que se escondiam no interior de seu próprio corpo. Sonambulismo, catalepsia, impulsos homicidas e também o sentimento da duplicação (o duplo é o outro escondido dentro do mesmo) lhe pareciam muito mais tenebrosos que mortos que saem de suas tumbas, ou espectros que sobrevoam a noite.

Os piores medos, nos ensina Cortázar, não têm um objeto preciso e não correspondem a nenhuma ameaça objetiva. Surgem daquilo que a literatura inglesa chama de "the thing" — isto é, "a coisa", o que Cortázar define como "o que não tem imagem, nem definição precisa". Voltando a Clarice Lispector: também ela falava da "coisa" ou, algumas vezes, do "isso", e ainda do "it". Tentativas sempre insuficientes de nomear a origem do que não tem um nome. Para Cortázar, a literatura se volta justamente para o indefinido, o inominável, o absurdo; a literatura existe para expressar, ou tentar expressar, o que está, como ele dizia, "além das palavras".

Também Clarice afirmava que escrevia para chegar "atrás de detrás do pensamento". É sempre nesse grande vão, onde a língua fracassa e se torna apenas um balbuciar, que a literatura se escreve. Não importa saber, então, se para escrever devemos abandonar o medo (Clarice), ou agarrá-lo (Cortázar). Os dois falam do mesmo rombo, os dois se referem à mesma ausência, se postam sobre o mesmo abismo. Não importa se você encara um abismo, ou se lhe dá as costas: o risco de cair é sempre o mesmo.

Lembra Cortázar que "um mundo sem medo seria um mundo seguro demais de si mesmo, mecânico demais". Em um mundo luminoso e esclarecido, a imaginação não teria sentido. Felizmente somos humanos, felizmente falhamos a maior parte do tempo e, felizmente ainda, o medo nunca nos abandona. Só por isso escrevemos.

Só por isso, superando o medo como nos propõe Clarice, ou incorporando-o como Cortázar nos sugere, só assim a literatura encontra, enfim, seu lugar. E se torna, apesar dos tremores e dos calafrios, cada vez mais forte.

("Eu &", *Valor Econômico*)

VINTE E TRÊS | O ROMANCE-FANTASMA

Os leitores apaixonados do escritor argentino Julio Cortázar (1914-1984) têm, em geral, um apreço especial por *O jogo da amarelinha*, romance publicado em 1963. Como se sabe, o livro é uma engenhosa combinação de 155 capítulos, que tanto podemos ler na ordem linear como de acordo com uma "Tabela de Direção" apresentada na abertura do romance. Se optar por seguir a tabela, o leitor deve partir não do primeiro capítulo, mas do 73º, pular dele, aí sim, para o primeiro e, depois, seguir para o 2º, em seguida para o 116º, depois de volta ao 3º, e depois ainda para o 84º, em uma fantástica dança que nunca termina, já que no último deles, o 131º, somos remetidos de volta ao anterior, o 58º, e dele novamente ao 131º, terminando aprisionados em uma armadilha.

Dezesseis anos depois da publicação do romance, em um pequeno artigo publicado na *Revista Ibero-Americana*, editada em Pittsburgh, EUA, Cortázar fez uma espantosa revelação a respeito de seu livro, expandindo as lendas que o cercam. No coração dos 155 capítulos, ele declarou, se encontra um capítulo suprimido, o de número 126 — na verdade, o primeiro que Cortázar escreveu. Em outras palavras: no centro do livro (como o furo que existe no meio de uma rosca), há um vazio. Não que tal capítulo, o 126, não exista na versão conhecida do livro. Existe, mas não existe. Antes de entregar os originais a seu editor, Cortázar reduziu o capítulo 126 a sua epígrafe — uma citação do "Discurso da mandrágora", de *Isabel do Egito*, obra do alemão Ludwig Achim Von Arnim, poeta romântico nascido em 1781. A citação — tudo o que restou do capítulo original — começa com uma exclamação dolorosa: "Por que, com teus encantamentos infernais, arrancaste-me à tranquilidade da minha primeira vida..."

Temos a chance, agora, de ler esse artigo revelador — batizado "Um capítulo suprimido de *O jogo da amarelinha*" — na coletânea *Papéis inesperados*, reunião de inéditos e dispersos de Julio Cortázar (Civilização Brasileira, organização de Aurora Bernárdez e Carlos Álvarez Garriga, tradução de Ari Roitman e Paulina Wacht). E de entender, um pouco mais, a grande intranquilidade que reina no coração de seu romance mais espetacular. A existência desse rombo no coração de *O jogo da amarelinha* modifica, não só, a leitura que fazemos do livro; desloca e subverte, também, todas as leituras complacentes da obra de Cortázar.

Vale a pena rememorar, passo a passo, o que sucedeu. Cortázar começou a escrever *O jogo da amarelinha* a partir do capítulo eliminado, que ocuparia depois a posição 126. Os rascunhos que o sucederam desembocaram nos capítulos 8 e 132, que seriam, na verdade, os dois primeiros a vingar. Levou dois anos de trabalho intenso para escrever os 155 capítulos de seu romance. Terminou, fez a última revisão e, por fim (em uma época em que os escritores eram reféns das máquinas de escrever), tratou de passar o livro a limpo. "Foi então, acho, e não no momento da revisão, que descobri que esse capítulo inicial, verdadeiro ponto de arranque do romance como tal, *sobrava*", ele revela, dezesseis anos depois, ainda sem esconder a perplexidade.

Foi, de fato, um golpe. E uma duríssima decisão. Como suprimir com frieza o capítulo sobre o qual todo o livro se erguia? Era como arrancar o chão depois de concluir a construção de um edifício. Um romance — como um edifício — não se sustenta no ar. Ou será que sim? O mais grave: a decisão de cortar o capítulo 126 surgiu de um motivo aparentemente simples, "sem deixar de ser misterioso", como ele mesmo diz. Simplicidade e mistério, ao contrário do que muitas vezes acreditamos, não se excluem. Descobriu Cortázar que o fim do romance, que relata a noite do personagem Horácio em um manicômio, repisa, de alguma forma, os passos do capítulo cortado. "De repente, o já velho primeiro capítulo parecia repetitivo, embora de fato fosse o contrário", ele admite. "Entendi que devia cortá-lo, superando o travo amargo de retirar a base de todo o edifício."

Julio Cortázar nunca se livrou da culpa de retirar justamente o capítulo de que o romance nasceu. Seu gesto se assemelhava não só a uma ingratidão, mas quase a um aborto. "Sem pensar mais tirei a pedra fundamental, e pelo que soube depois a casinha não veio abaixo", escreve, apegando-se, com alívio, ao sucesso do livro. Com o corte do capítulo 126, reduzido agora à epígrafe que o abre, *O jogo da amarelinha* se transformou em uma fabulosa construção erguida sobre o vazio. Como se fosse um castelo construído no topo de uma montanha inexistente, ou um cavaleiro que galopasse um cavalo fantasma. Com isso, o livro se tornou ainda mais misterioso e sedutor. Tornou-se, de alguma forma, um romance-fantasma ele também.

Quase meio século depois dessa dramática decisão, "Um capítulo suprimido" nos ajuda a ler não só *Papéis inesperados* (quase como se fosse um capítulo ausente — ou inconveniente — da coletânea), mas toda a obra de Julio Cortázar. A maior parte dos ensaios breves reunidos na coletânea de inéditos — com exceção de meia dúzia de textos geniais, como "Uma infância medrosa", de 1983, ou "A tosse de uma senhora alemã", de 1994 — trata de questões objetivas e de circunstância, como a relação especial do escritor com o regime de Fidel Castro, a política externa do presidente francês François Mitterrand e o movimento de libertação nacional de El Salvador. Textos que, hoje, valem mais pelo registro histórico do que pela força das ideias. Servem mais como peças de um autorretrato tardio do próprio Cortázar. Ao falar de Cuba, ou de Mitterrand, ou de El Salvador, é de si que fala.

Encontramos, ainda, alguns textos inspirados na experiência da amizade, algumas histórias perdidas de Cronópios (que não chegam a rivalizar com o livro famoso publicado em 1962), umas poucas e frágeis entrevistas dispersas e alguns poemas de valor bastante discutível. É, porém, nesses três ou quatro capítulos especiais, que quase desaparecem oprimidos pelas 485 páginas do livro, que a grandeza literária de Julio Cortázar, uma vez ainda, se reafirma.

Avanço um pouco mais. Em um ensaio seguinte, "A respeito de *O jogo da amarelinha*", publicado em 1974 em *La nueva literatura*, de Alberto Mario Perrone, Julio Cortázar se pergunta se, ao escrever seu grande romance, não teria se deixado vencer pelo que chama de "egoísmo de tanta introspecção". Depois de escrever o livro, que considera "obstinadamente metafísico e estético", ele se envolveu em uma longa rota de participação histórica e de engajamento político de esquerda, que se expressam na maioria dos inéditos. Admite, porém: "*O jogo da amarelinha* continua sendo uma primeira parte de alguma coisa que tentei e tento completar." Vai ainda mais longe

— desafiando aqueles que, hoje em dia, se esforçam para reduzir a imagem de Cortázar à de um vanguardista revolucionário: "Uma primeira parte muito querida, certamente a mais profunda do meu ser, mas que já não aceito como a exclusividade que lhe conferiram os próprios protagonistas do livro."

Na fase do engajamento, essa é a pura verdade, Julio Cortázar perdeu muito da vitalidade guardada em *O jogo da amarelinha*. Ao se jogar no mundo e em suas circunstâncias — e aqui não interessa saber se para o bem ou para o mal —, ele abdicou de uma parte de si (um miolo) que, muito secretamente, se expressa agora em uns poucos capítulos marginais de seu legado. Não só o capítulo renegado, o 126, mas todo o romance se oferece, agora, como um grande rombo a partir do qual a obra inteira de Julio Cortázar deve ser repensada. Para além dos preconceitos que construiu a seu próprio respeito, e que o levaram a desconfiar da grandeza de seu livro, ele foi um escritor extraordinário, dos maiores que a América Latina produziu ao longo do século XX. Quando diz que *O jogo da amarelinha* guarda a parte mais profunda de seu ser, o próprio Cortázar admite que tinha consciência disso. No século XXI, seu magistral romance continua a servir como a via régia de acesso a sua obra. No interior do livro, vemos com mais clareza agora, existe um segundo rombo: o capítulo 126 que, uma vez suprimido, exprime as dificuldades que os grandes escritores costumam ter para suportar sua própria grandeza.

(Julio Cortázar, "Eu &", *Valor Econômico*)

VINTE E QUATRO | **SÁBATO NO ESCURO**

No ano 2000, o escritor Ernesto Sábato fez uma viagem à Espanha. Uma tarde, no Museu do Prado, teve a chance de rever as telas de seu pintor favorito: o espanhol Francisco Goya. Nessa visita ao Prado, Sábato limitou-se, na verdade, aos quadros de Goya. Nada mais o interessou. "Nunca olho mais que um pintor", anota em seu diário de viagem (*Espanha nos diários de minha velhice*. Barcelona: Seix Barral, 2004). "Fazer o contrário me parece falta de respeito."

Sábato está sempre surpreso com a pintura de Goya. "O Goya escuro, o feroz, o dilacerante Goya continua me deslumbrando", anota depois. Dessa vez, detém-se, por mais tempo, diante de uma tela,

O dois de maio, de 1814. Durante três anos, perturbado com a invasão francesa na Espanha, Goya pintou obsessivamente a guerra. Telas dolorosas, negras, cheias de decepção e horror, que Sábato, ainda assim, não se cansou de admirar. Naquele momento, abatido não só pela guerra, mas também pela doença, Goya abandona as cores brilhantes e as troca pelos cinzas, pelos marrons e pelas grandes massas de negro. "Admiro os negros de carvão, de fumaça. Insuperáveis. E os brancos", Sábato anota. Ao dispensar as facilidades da luz, Francisco Goya se aproxima, como nunca, de um olhar interior. Sábato conclui: nesse momento, "Goya pinta para si mesmo".

De repente, nos salões do Prado, Sábato é possuído por um sentimento: já não está mais no museu, mas em seu próprio ateliê de trabalho, as mãos dominadas pela ansiedade do pincel entre os dedos, concentrado em pintar. "Compreendo que estou, neste mesmo momento, pelo mistério do imaginário, em meu próprio ateliê", descreve. Imitando a metamorfose de Goya diante da guerra, ele se transporta para dentro de si — e toma o lugar do pintor espanhol. Está no Prado, mas não está no Prado. Está na pintura.

A imagem do romancista e ensaísta consagrado costuma obscurecer a figura do pintor Ernesto Sábato. A dupla identidade não deveria surpreender. É longa a lista de escritores que, em algum momento de suas vidas, se dedicaram, ou pelo menos se arriscaram na pintura. O próprio Sábato se dedica a enumerá-la: William Blake, García Lorca, Henry Miller, Leon Tolstoi, Robert Louis Stevenson, Charles Baudelaire, J. W. Goethe, Arthur Rimbaud. No Brasil, são pouco conhecidas, e quase sempre desprezadas, as telas pintadas por Lúcio Cardoso, depois de um derrame cerebral que o impediu de escrever, e por Clarice Lispector, em fases de depressão mais forte. Telas escuras e tensas que, por certo, não surpreenderiam Ernesto Sábato.

Ler os diários de viagem de Sábato me leva a romper a barreira de que também eu sou vítima: me leva, dos livros, a seus quadros.

Telas melancólicas, trágicas mesmo, mas temperadas por um humor sutil, como as telas de Goya que Sábato viu no Prado. Telas, na verdade, diretamente marcadas pela influência do pintor espanhol. A arte moderna nos ensinou a odiar e ocultar as influências. Elas são vistas como ervas daninhas, que corroem e fraudam a obra de um artista. Lembro, no entanto, de José Saramago, que, em uma entrevista para a TV brasileira, questionado a respeito do "perigo" das influências, respondeu: "Perigo? Mas nunca escapamos delas. Agora mesmo, ao me fazer essa pergunta, você está influenciando minha resposta!" A esse respeito, Ernesto Sábato tem uma frase mais simples, mas devastadora: "Nada que é humano é absolutamente original."

Também a sombra de Edvard Munch, o autor do célebre *O grito*, é frequentemente entrevista nas telas do escritor argentino. A influência do surrealismo é notória, ainda que, atento às armadilhas das palavras, Sábato prefira definir sua pintura não como surrealista, mas como "sobrenaturalista". Relata o escritor que se aproximou do surrealismo não como uma opção, mas porque já o levava "dentro de si". Ele estava em seus sonhos, em seus terrores noturnos, em seus pesadelos. Não gosta, porém, da palavra "surrealismo", que porta uma das mais complexas e instáveis noções já criadas pelo homem: a de realidade. Sábato prefere falar, então, em sobrenaturalismo, expressão que toma de empréstimo ao poeta Guillaume Apollinaire. É uma expressão contundente, que se afirma como "o contrário do naturalismo".

Seja como for, as telas de Sábato — que revisito enquanto folheio *El pintor Ernesto Sábato*, livro organizado por Miguel Rubio para as Ediciones Cultura Hispânica, de Madri, em 1991 — guardam a mesma atmosfera tenebrosa e o mesmo negror de algumas das telas de Goya. Penso, em particular, nos retratos de escritores que Sábato pintou, por certo, para falar também um pouco de si. *Nunca mais o farol*, retrato de uma Virginia Woolf de cabelos azuis e olheiras defuntas, retida em um universo negro. *Nostalgia dos teoremas*, apavorante retrato de Jean-Paul Sartre, com a pele de cera e os olhos desviados pela dor. São telas que, se partem de escritores reais, se arremedam o naturalismo, passam suas lembranças por um filtro severo, da ordem dos pesadelos, numa composição da qual aquilo que, por hábito e preguiça, chamamos de realidade está banido.

Em *O senhor K.*, Franz Kafka, com orelhas imensas, envolto em uma capa negra, é um vampiro, mas também um morcego que sofre, como o Gregor Samsa de *A metamorfose*, de uma incompreensível transformação. O Hermann Hesse de *Animosa velhice do senhor Demian* traz uma pele amarela e quebradiça, que se derrama sobre ossos sem carne; o corpo tem em seu centro dois seios murchos e femininos, que despencam contra a luz de uma vela. O ar enfezado de Fiodor em *Dostoievski*, tela de 1982, se destaca sobre um cenário banal, mas assustador, desenhado por roupas, presas a pregadores, postas para secar não à luz do sol, mas à ausência de luz da escuridão. O Friedrich Nietzsche que aparece em *Deus está morto* mantém o porte solene de filósofo, em um mundo vazio, de aspecto lunar, se encolhe sob um céu negro e é atravessado por vultos que se espalham entre pedras e crateras.

A temperatura da morte percorre não só os retratos que Sábato pintou, mas outras de suas telas, sem título, ou com nomes vagos, como *Alquimista* e *Deus dos mortos*. Entre elas, me chama a atenção *A visita*, tela de 1985, um retrato da morte que, elegante senhora de chapéu de penachos e óculos de sol, chega a um mundo já devastado e morto, que parece dispensá-la. As paisagens que se descortinam nesses quadros expõem um mundo igualmente inerte, onde a luz, quando surge, evoca apenas o vermelho dos incêndios, e no qual os perfis são reduzidos a máscaras, couraças que devoraram os rostos que, até pouco antes, as carregavam.

Em algumas das telas, o preto se reverte em um azul mortífero, cheio de tons arroxeados, que traz a nostalgia do escuro. Uma simples natureza morta, uma xícara, algumas bananas, pouco mais que isso, se torna uma ameaça, com objetos suspensos em uma atmosfera na qual a escuridão só tem como limite discreto alguns traços dourados que, como alças fúnebres, fazem o esboço de fantasmas. Mesmo em uma tela como a acadêmica pintura de um jarro de flores, as tensas flores, de vermelho sangue, tremem contra uma paisagem desprovida de forma, borrada apenas pela grande ameaça do negro.

Caminhos sinuosos da leitura: depois de "ler" algumas das telas de Ernesto Sábato, sou levado de volta a suas narrativas. Volto, então, a ler *O túnel*, novela de 1948 que leio e releio desde os 15 anos de idade. Já nas primeiras páginas, porém, percebo que as telas de Sábato não se desgrudam de minha mente. Não se descolam mais de minha leitura. Elas não só me transformam em outro leitor, talvez mais sensível, talvez menos racional, menos pronto para "entender", mas transformam a novela que leio, o mesmo livro que já li tantas vezes e que não me canso de reler, *O túnel*, em um outro livro, ainda mais interminável.

(Ernesto Sábato, *Rascunho*)

VINTE E CINCO | **A FÚRIA DE NOLL**

EM *PARIS NÃO SE ACABA NUNCA*, LIVRO QUE, COMO ACONTECE COM toda a sua obra, fica a meio caminho entre o ensaio, a memória e a ficção, o escritor catalão Enrique Vila-Matas fala dos "escritores menos exemplares, os menos acadêmicos e edificantes, os que não estão interessados em dar uma correta e boa imagem de si mesmos". Esses escritores, pensa Vila-Matas, seriam os únicos "que têm a rara coragem de se expor literalmente em seus escritos". E conclui: "Eu os admiro profundamente porque só eles jogam para valer e só eles me parecem escritores de verdade."

A breve descrição pode ser tomada de empréstimo para definir a literatura de João Gilberto Noll, o mais radical dos narradores brasileiros contemporâneos. Em geral iludidos ou confusos com a imagem corrente atribuída aos escritores — que os apresenta como os intelectuais da palavra —, muitos leitores não conseguiram entender por que Noll reagiu com fúria e exaltação, e por que não destempero, em vez de com equilíbrio e "razão" ao artigo "O sêmen masturbado", assinado pelo Resenhista R — assim o chamaremos, não só por pudor mas, sobretudo, porque não há aqui a intenção de denegri-lo. O artigo foi publicado na edição de setembro de 2005 do mensário *Rascunho*, de Curitiba.

R pode entender a fúria de Noll, porque não chega a entender a fundo sua literatura e a difícil, mas brava, posição que ele sustenta. João Gilberto Noll é um escritor que trabalha não só com o intelecto, ou com os artefatos da cultura, mas com o corpo e, em especial, com os nervos. Um escritor que, mesmo jamais falando de si, a cada página se expõe em grande risco pessoal. Em atitude contrária, a referência horrorizada ao sêmen descarta do corpo tudo o que nele se passa a partir do baixo ventre e que, por isso, escapa a qualquer controle, e conduz ao sangue e ao risco. "O sêmen de João Gilberto Noll é masturbado e melancólico", o Resenhista R chega a dizer. Sua preocupação puritana com a gramática, contraposta ao estilo "sujo" e violento de Noll, o leva, como um engomado inspetor de escola, a vigiar cacófatos e a inspecionar o uso de pronomes reflexivos. Enfim, ele lê em Noll um outro escritor, que ele imagina que Noll deva ser. Não suporta ler o que lê. Não suporta a literatura ardente de João Gilberto Noll. E é por isso, e só, que a resenha crítica de R merece importância.

A reação furiosa de Noll à crítica equivocada do Resenhista R deve ser entendida, então, na perspectiva de uma literatura que é, ao mesmo tempo, exposição de entranhas (daí a "sujeira" que incomoda o crítico brasiliense), isso sem ser, como fazem os narcisistas eególatras, confissão pessoal, ou desabafo despudorado. Ao expor seu descontentamento com a literatura de Noll, o Resenhista R, contra sua vontade, termina por reforçar a grandeza da literatura de Noll. Essa capacidade de se revelar através de seus opostos, lembrando Vila-Matas, não é um privilégio de João Gilberto Noll, mas de todos aqueles escritores — podemos sugerir Clarice Lispector, Hilda Hilst, Vinicius de Moraes, mas pensar também em Roberto Arlt, em Gombrowicz, em Pessoa, em Kafka e no próprio Vila-Matas — que, a cada livro, usam as palavras para expor pedaços de si. É no contragolpe que eles pegam o leitor, ali onde o leitor menos espera ser apanhado.

Escritor "nada exemplar", para usar ainda a expressão de Vila-Matas, João Gilberto Noll faz uma literatura que não se deixa fascinar pelos apelos da norma literária, isto é, do "bem-escrito" — e foi isso, parece, o que tanto incomodou o Resenhista R, que dele esperava, por exemplo, coisas tais como "uma identidade com sua nacionalidade". Não pode entender o resenhista que a literatura de Noll tira sua força da vida interior e de seus abismos, não dos fenômenos sociais, ou naturais, disponíveis a médicos e sociólogos. E que, em consequência, ela não pode ser avaliada segundo sua relação com a realidade, ou a história, ou com as normas literárias, e mesmo as modas vigentes.

Hoje é de bom-tom apreciar uma literatura seca, fundada em elipses, pontuada de armadilhas e de jogos de espírito. O contrário do que Noll, prestando unicamente contas a si mesmo, pratica, ele que trabalha com sentimentos fortes, diz as coisas de forma brutalmente direta, não perde tempo com malabarismos de linguagem (tão a gosto dos "neobarrocos", que hoje mandam nos clubinhos literários). Em outra sintonia com a escrita, distante desses melindres e escrúpulos de escola, Noll pega as coisas pela raiz e pelo fundo, não pela superfície e pela casca. Em vez do brilho, do resultado eficiente, ou luminoso, ele se interessa pelo sangue.

Como Clarice e Kafka, é um escritor que pouco está se importando com a tradição literária, com o desenrolar monótono de tendências e de gêneros, ou mesmo com a recepção do que escreve — até porque cada leitor lê aquilo que quer e que pode ler, e nada mais. Ele não escreve nem "para o público", como fazem os escritores amantes do mercado, nem "para a crítica", como fazem aqueles interessados na consagração e em garantir um lugar na história literária. Justamente por isso, sua literatura provoca tantos abalos em que lê — e a rabugice do Resenhista R é exatamente o reflexo mais humorístico desse impacto. Ela se dirige diretamente ao leitor, agarra-o no que tem de mais inconfessável e incômodo, desafia-o a voltar-se para o repugnante.

Em consequência, é uma piada, para não dizer um perigo, assustar-se por encontrar, na literatura de Noll, como diz o diligente Resenhista R, "uma sucessão de frases descosidas, muitas delas sequer conseguindo explicitar significação". Uma literatura que se calca no inconsciente e que se move nas frestas do irracional, que se faz às cegas e a cada passo, não seguindo manuais de boa conduta, não pode mesmo se pautar pela lógica e pela significação transparente. Não, em definitivo, Noll não faz uma literatura "de tese" — como hoje é tão comum, e lamentável. Não faz uma literatura "para professor", como o cauteloso orientando de mestrado ou doutorado, que escreve para agradar, para satisfazer o desejo de seu orientador, não a si.

Dito isso, pode-se entender melhor, quem sabe, a reação violenta de Noll, que a alguns soou despropositada e até dramática. Sua exaltação não é a do escritor que se irrita com uma crítica negativa, porque ela feriu sua vaidade, ou amor próprio. Ela é justamente uma fúria — a palavra é mesmo essa —, já que Noll está reagindo a outra coisa: a uma cegueira que, feita "crítica", se torna uma impugnação.

Porque é esse o objetivo claro da resenha do Resenhista R: desautorizar Noll como escritor que se expõe e cobrar dele que se adestre e se aproxime dos bons. Não foi de um livro, *Lorde*, ou de uma série de livros, que o Resenhista R não gostou; sua indisposição é, mais que isso, com a postura que Noll sustenta diante da própria literatura, seu destemor, sua exposição radical e cruenta.

Ao reagir, não é um romance, *Lorde*, que ele pensa destruir; é um sujeito, João Gilberto Noll, escritor que põe tudo em seus livros, que ele se esforça para aniquilar. Nada a ver com o desejo legítimo da crítica dura e sincera, que o Resenhista R tem todo o direito de exercer, como qualquer um. Seu desprezo declarado a escritores fortes como Marcelo Mirisola e Milton Hatoum só reforça a impressão de que seu problema não é com livros, ou mesmo com pessoas (autores), mas com atitudes radicais diante do literário. A citação simpática que faz a Hilda Hilst, outra escritora feroz, não apaga essa impressão.

É bom recordar ainda que a fúria de Noll, violenta e dura, se restringe, ainda, e sempre, ao campo das palavras. Aquele óbvio que não custa sublinhar. É muito raro, na verdade, que um escritor ou artista reaja de modo tão frontal, exponha de modo tão direto seus sentimentos, sobretudo os mais difíceis. Sobretudo aqueles considerados "negativos", ou "antissociais". Só que a fúria de Noll não pode ser atribuída a um rasgo de temperamento, ou a um destempero, ou a um suposto momento de extremo mau humor. Ela é a reação — proporcional — a uma ação que o atingiu bem no peito, ali onde sua literatura nasce — e, podemos acrescentar, morre também. Não é uma crítica a *Lorde*, nem ao escritor que o escreveu, mas ao modo como esse escritor relaciona a literatura com sua fúria.

Ocorre que hoje, com best-sellers cheios de pose e solenes escritores de vanguarda e autores profissionais, temos uma ideia cada vez mais deturpada da literatura. Nesse sentido, é lúcida e proveitosa a reação furiosa de Noll: ela nos faz lembrar que a literatura não é um jogo esnobe, uma jogada comercial, ou um exercício de especialistas. Ela é algo que, quando feito para valer, parte do mais doloroso e, por isso, chega ao mais fundamental. Um escritor não escreve livros, um escritor "é" seus livros e por isso o golpe bateu com tanta força em Noll.

(João Gilberto Noll, *Rascunho*)

VINTE E SEIS | A ESCRITA DA SOLIDÃO

A MEMÓRIA É UM TÚNEL ESCURO, INFESTADO DE ARMADILHAS. É, ainda, o lugar da solidão mais tenebrosa: em seus escaninhos, o sujeito não conta com ninguém — nem consigo mesmo. Nesse mundo pastoso, em que as coisas aparecem e desaparecem sem dar explicações, se desenrola a trama de *Leite derramado*, quarto romance de Chico Buarque de Hollanda, que chegou às livrarias no ano de 2009 com o selo da Companhia das Letras.

Trama? A narrativa de Chico se faz mais daquilo que escorre entre as palavras do que com as verdades que elas costuram. *Leite derramado* é o mais hábil e inspirado romance que ele já escreveu.

Por conta do papel crucial que ocupa no cenário da música popular, Chico Buarque ainda é visto, muitas vezes, como um aventureiro que se dedica, nas horas vagas, por esporte ou por vaidade, à literatura. A qualidade de *Leite derramado* — um dos mais importantes romances lançados no país nessa primeira década do século XXI — desmonta, de vez, as superstições e os preconceitos que deformam sua figura de escritor. Chico não é só um músico de sucesso que faz literatura. Ele está entre os grandes narradores brasileiros contemporâneos.

No leito de um hospital, Eulálio Montenegro d'Assumpção, o narrador de *Leite derramado*, "dita" suas memórias para uma mulher. O vulto que se entrevê é o de uma enfermeira, mas ele se confunde ora com a filha, Maria Eulália, outras vezes com a ex-mulher, Matilde, falecida nos anos 1920. O próprio Eulálio é, no fim das contas, o destinatário de seus ditados, através dos quais ele ordena não só sua história pessoal, mas o passado de seus antepassados e, assim, a própria história do Brasil republicano.

"Estou pensando alto para que você me escute", Eulálio diz a sua interlocutora. Nos corredores da agonia, o futuro se estreita. "Já para o passado tenho um salão cada vez mais espaçoso", ele constata. *Leite derramado* é não só uma incursão pelo passado, mas uma desmontagem desse salão de lembranças no qual, como sugere o título do romance, quase tudo se perdeu.

A narrativa do centenário Eulálio vem borrada pelas deformações próprias da memória. E também pelos estragos que os sonhos nela produzem. "Dia desses fui buscar meus pais no parque dos brinquedos, porque no sonho eles eram meus filhos", vacila. Do mesmo modo, a literatura não passa de um tapete estendido sobre um alçapão. Rombos, remendos, rasgões expõem uma verdade que se esfarela. Eulálio se torna, assim, um refém imóvel de fatos que lhe fogem. Assemelha-se a Balbino, o ex-escravo de seu avô abolicionista, um servo leal que, "fiel como um cão, ficou sentado para sempre sobre a tumba dele".

À espera da morte, ele se parece com um objeto. Os enfermeiros o arrastam pelos corredores, submetendo-o a raios x e tomografias cujos resultados nunca exibem. Para se conservar vivo, o narrador de Chico se apega aos últimos fios do passado que, com grande esforço, repuxa de dentro de si. Às apalpadelas, reconstitui seu primeiro encontro com o francês Jean-Jacques Dubosc, que desembarcou um dia no Rio de Janeiro para infernizar, para sempre, a sua vida. O jovem Eulálio estava no cais, à espera do futuro patrão, e aproveitou a presença de um fotógrafo para se imortalizar em um instantâneo. Quando, já velho, reencontra a fotografia, nela se vê "contrariado, parecendo quase um lacaio, carregando um sobretudo e uma pasta de couro alheios". Jamais foi dono de si: a história — como uma maca — sempre o carregou.

Seu próprio nome, Eulálio, é um grilhão que o prende a uma corrente de homônimos — pai, avô, bisavô, tetravô, todos Eulálio também. "Era menos um nome do que um eco", ele diz. Por suas lembranças, circulam presidentes da República, como Venceslau Brás e Epitácio Pessoa. Nomes fortes que massacram o seu. Só quando dito pela falecida Matilde, o grande amor de sua vida, o nome Eulálio ganha uma singularidade e parece lhe pertencer. "Em sua voz ligeiramente rouca, parecia que meu nome Eulálio tinha uma textura." Sem a voz do outro, um nome não é nada.

A memória o conduz a um inferno de dúvidas. O pai, o senador Eulálio Ribas d'Assumpção, foi assassinado pelos adversários políticos, ou pelo marido de uma amante? Seu avô Eulálio, um benfeitor da raça negra que foi comensal de dom Pedro II e se correspondeu com a rainha Vitória, era um visionário? Ou foi só um derrotado, que morreu de amargura? Os médicos que agora o tratam desejam curá-lo, ou envená-lo? A mulher que o ouve o ampara, ou o ignora?

Aos poucos, Eulálio se defronta com a inconsciência dos atos humanos. Foi ele próprio quem, pensando em vantagens materiais, entregou Matilde para o primeiro maxixe nos braços de Dubosc, o homem que a roubou. Também a cronologia não passa de um destroço, que atravanca seu acesso à história. "É esquisito ter lembranças de coisas que ainda não aconteceram", Eulálio se intriga. A memória só se sustenta se alguém a escuta e a acolhe. É o que o próprio Eulálio diz a sua interlocutora: "Sem você meu passado se apagaria."

O genro, Amerigo Palumba, se casou com a filha Maria Eulália por amor, ou para lhe aplicar um golpe? Eulálio d'Assumpção Palumba Júnior é o neto que se tornou pai na prisão dos militares? Ou o bisneto que ele próprio educou? "É uma tremenda barafunda", o narrador de Chico desabafa. Grande encrenca, armada por lembranças que não se encaixam, transformando a história em uma grotesca dança de máscaras.

"A memória é, deveras, um pandemônio", Eulálio reclama. Nela, como flashes involuntários disparados por uma câmera louca, cenas antigas, de súbito, voltam à luz. É uma danação. Só oitenta anos depois, por exemplo, Eulálio se dá conta de que um vestido rodado, que o pai comprara para dar de presente, era um prenúncio de sua morte. No poço de sua mente flutua, ainda, certo chalé da Copacabana dos anos 1920, entre cujas paredes a vida de Eulálio se comprimiu. Depois da morte do pai, a mãe o despachou para a Europa, para negociar com os agentes financeiros do falecido. Na Paris de 1929, encontrou um mundo adoecido de sua própria riqueza. Voltou de mãos vazias. Não existe um instrumento que recolha aquilo que se derramou.

Como uma xícara de leite, que nos esforçamos para sustentar, mas que, à nossa revelia, se inclina, também a realidade lhe foge entre os dedos. Matilde é filha legítima de um parlamentar liberal, ou fruto de uma aventura do deputado? Por que sua filha, Maria Eulália, hoje com 80 anos, perdeu todos os traços fisionômicos da mãe? Será ela filha de Matilde ou, como dizem alguns, foi encontrada em uma lata de lixo? As despesas de hospital são pagas pelo tataraneto, Eulálio d'Assumpção Palumba Neto; mas esse dinheiro benfazejo vem contaminado pelo tráfico de drogas. O que parece bom é ruim; o ruim, bom.

Durante longos anos, Eulálio guardou os restos de seu passado em uma fazenda herdada na Raiz da Serra. A propriedade é sua, mas não é: foi desapropriada pela União. No dia em que resolve conhecê-la, encontra a sede colonial em ruínas, a capela em esqueleto, o estábulo carbonizado. Não existe uma esponja que absorva o passado e o restaure. Todo o seu esforço é inútil.

A vida, ele aprende, é um rombo. Matilde o abandonou quando Maria Eulália era um bebê, sem deixar um bilhete ou fazer as malas. Ela morreu em um desastre de automóvel na Rio-Petrópolis? Ou de tuberculose, em um manicômio? Anos depois, seus vestidos se transformam em figurinos para uma montagem teatral que a filha, Maria Eulália, planeja com uma amante. Roupas vazias de qualquer conteúdo. A ficção abocanha a realidade e a devora. Nada sobra.

Leite derramado despeja sobre o leitor, é verdade, uma profunda tristeza. Mas é uma tristeza fértil, que nos ajuda a matizar os grandes atos da história. Decepção que, no fim, se transforma em leveza. É aqui que Chico Buarque se torna um grande escritor. A voz vacilante de Eulálio Montenegro d'Assumpção duplica aquela voz interior que faz de nós homens. Todos nos contamos histórias secretas, que nos conservam de pé. A ficção é nossa espinha. Quanto à história oficial, ela não passa de um punhado de cacos a que, só por desamparo, nos apegamos.

Quanto mais rememora, mais Eulálio se afunda em repetições. "São tantas as minhas lembranças, e lembranças de lembranças de lembranças, que já não sei em qual camada da memória eu estava agora", ele diz. Nas páginas finais, ainda um menino de calças curtas, ele é levado pela mãe para se despedir do tetravô, que agoniza em um hospital. Um homem de rosto pastoso e memória degradada, que pode ser ele mesmo. Quem narra, afinal, o romance? E isso importa? *Leite derramado* destina à literatura um lugar crucial, que vai muito além das honrarias literárias: somos todos filhos de nossas próprias ficções.

Quanto à memória, ela é como uma fotografia de Matilde, tirada no ano de 1927, no pátio do colégio. Lá estão suas colegas de turma, amparadas pela severa Mére Duclerc, mas a própria Matilde não está. Essa ausência, mais gritante que qualquer presença, é o grande personagem de Chico Buarque. Vazio que define um mundo desenhado não tanto por aquilo que nos dá, mas por aquilo que, entre nossos dedos, se derrama.

(Chico Buarque, "Prosa & Verso", *O Globo*)

VINTE E SETE | O GUARDIÃO DO FUTURO

A imagem escolhida pelo prefaciador desta nova edição das *Cartas a um jovem poeta* (Editora Globo, prefácio de Nei Duclós) é certeira: sua leitura, hoje, pode ser tomada como uma mensagem premonitória — e dissonante — que Rainer Maria Rilke despachou aos poetas do século seguinte. "É como se Rilke nos esperasse no futuro", Duclós escreve, "não para cobrar a conta, mas com sua iluminação eternamente disponível para uma vida mais completa". Escritas entre fevereiro de 1903 e dezembro de 1908, em resposta a cartas que recebeu do poeta iniciante Franz Xaver Kappus, que se questionava a respeito de sua própria vocação poética, as *Cartas* de Rilke adquiriram, com o tempo, uma força ainda mais desestabilizadora. O próprio Kappus cuidou de publicá-las pela primeira vez, omitindo suas próprias cartas. Elas ganham um sabor especial se confrontadas aos impasses disseminados na paisagem poética de hoje.

Para começar, Rilke não separa poesia e vida mas, ao contrário, vê a poesia como o resultado de uma atitude existencial particular, aquela que se pauta não pelo alinhamento a grupos ou tendências literárias, mas pela absoluta solidão. Esse elo, que a maioria dos poetas contemporâneos parece ter perdido, ou pelo menos desprezar, adquire um tom tão vigoroso que, no prefácio à primeira edição brasileira, de 1953, agora reproduzido, Cecília Meireles, num momento de insensibilidade, chega a dizer que "de literatura, propriamente, pouco falam as cartas".

As *Cartas* de Rilke ganham hoje, ao contrário, a forma de um presságio. Um presságio literário. Já na primeira delas, o autor das *Elegias de Duíno* sugere a Kappus que se esqueça dos apelos externos e se paute apenas pela experiência e sinceridade: "Relate suas mágoas e seus desejos, seus pensamentos passageiros, sua fé em qualquer beleza — relate tudo isto com íntima e humilde sinceridade", ele aconselha. Em vez de olhar para fora, para o brilho social, para as escolas estéticas, para o desenrolar da história literária, o poeta, segundo Rilke, deve olhar para dentro: "O senhor está olhando para fora, e é justamente o que menos deveria fazer neste momento", diz. Em vez de uma poesia que se iguala aos objetos, ou que se detém nos exercícios da linguagem, Rilke propõe uma poesia fixada na necessidade e na introspecção, com a qual o poeta possa "soerguer as sensações submersas".

O jovem Kappus deve ainda, ele sugere na carta seguinte, apartar-se da ironia — instrumento, aliás, fundamental para a poesia contemporânea, baseada, em grande parte, na paródia, no pastiche, na citação. Em vez disso, em vez de se apoiar no sarcasmo ou no jogo de palavras, cabe ao poeta perseguir a gravidade. "Busque o âmago das coisas, aonde a ironia nunca desce", propõe Rilke. Deve ainda — não só contrariando, mas colocando em xeque, mais uma vez, os preceitos da poesia de hoje — fugir da influência da crítica. "Deixe-me fazer-lhe aqui um pedido: leia o menos possível trabalhos de estética e de crítica", Rilke recomenda. "As obras de arte são de uma infinita solidão: nada as pode alcançar tão pouco quanto a crítica." Sugestão que, ouvida hoje, ganha um caráter quase devastador.

Na antecipação de uma estética exercida hoje, entre outros, por um poeta do porte do brasileiro Manoel de Barros, Rilke aconselha Kappus, ainda, a agarrar-se às coisas insignificantes. Aferrar-se "à natureza, ao que ela tem de simples, à miudeza que quase ninguém vê". Ainda que leve uma vida pobre e um cotidiano cheio de restrições, é dessa vida pobre e desse cotidiano monótono que o poeta deve partir, "de sua inclinação e de sua maneira de ser". Rilke antecipa a ideia, afinal moderna, de que a poesia e a arte são o terreno absoluto do particular, onde tudo é intransferível e nada pode ser doado, emprestado, ou roubado. "Tudo é grave", ele diz, sendo essa gravidade o elemento crucial da poesia. Daí, ele insiste, a necessidade, imperiosa, de evitar as superfícies e aferrar-se à solidão. "Entrar em si mesmo, não encontrar ninguém durante horas — eis o que se deve saber alcançar", prescreve ao jovem poeta.

Numa direção oposta à tomada pelos poetas "universitários" de hoje, aqueles que escrevem perfilados sobre a perspectiva da história literária e num gaguejar contínuo com seus ascendentes, Rilke propõe a solidão irremediável, aquela que, aos olhos do presente, talvez venha a ser confundida com a cegueira. Numa carta expedida de Roma, em 1903, ele fala de sua desilusão com a cidade e de seu desprezo por "todas aquelas coisas deformadas e gastas que, afinal de contas, são apenas os restos casuais de outra época", isto é, o passado, venerado ainda hoje em monumentos, prédios tombados e sítios arqueológicos. Em Roma, prefere os jardins, as águas despejadas pelos aquedutos, as pequenas impressões, em contraste com "a pretensiosa multidão que fala e tagarela por toda parte". A história desvitaliza; em seu lugar, Rilke coloca o presente.

Com isso, ele alarga os domínios clássicos da poética e da estética, não porque prefira distrair-se com o natural, ou porque ignore o valor do passado, mas sim porque, para ele, é exatamente aí, na dificuldade de lidar com o que é, que se guarda a energia poética. O poeta deve saber agarrar-se ao difícil: "É bom estar só, porque a solidão é difícil", diz. "Amar também é bom, porque o amor é difícil." Ciente dessa fronteira frouxa que na verdade não separa, mas une dois mundos, Rilke imiscui-se até na vida amorosa de Kappus, insistindo que o amor deve distinguir-se da fusão. O amor abre o momento perfeito não para o sujeito dissolver-se em outro, diz, mas para "tornar-se algo em si mesmo, tornar-se um mundo para si". A presença constante do amado a seu lado deve transmitir ao amante não o desejo de simbiose, mas, em vez disso, o de isolamento — sendo o amor, na visão de Rilke, mesmo o amor bem-sucedido, uma trilha para a solidão. Ainda quando desiludido com o amor, o amante não deve imaginar que a saída está na separação, "um passo convencional, uma decisão fortuita e impessoal, sem força nem fruto". Ao contrário, é preferível persistir no atrito aberto pelo laço sentimental entre dois seres distintos, tirar proveito disso e ali, nessa fricção entre dois corpos, estabelecer sua fronteira pessoal — servindo o amado, sempre, não como salvação, mas como abismo.

Rilke realça para Kappus, ainda, o valor da tristeza e da desilusão, até porque "nada de estranho nos acontece, senão o que já nos pertence desde há muito". A solidão, portanto, não deve despertar medo, mas o espanto, já que carrega consigo a novidade — não a novidade ligeira, das modas e escolas, mas aquela novidade "velha", que já estava ali e ainda não tinha sido desvelada; a única pela qual o poeta deve se interessar. "Somente quem está preparado para tudo, quem não exclui nada, poderá ir até o fundo de sua própria existência", medita — e aqui, depois, veio ressoar o célebre verso de Pessoa: "nada teu exagera, ou exclui". Rilke vê a vida como uma contínua inquietação (Pessoa falaria em desassossego, o que dá no mesmo): "Também não se deve assustar, caro sr. Kappus, se uma tristeza se levantar na sua frente, tão grande como nunca viu; se uma inquietação lhe passar pelas mãos e por todas as ações como uma luz ou a sombra de uma nuvem." Tudo isso, ainda que doloroso, trabalha sempre a favor do poeta.

Apesar disso, não deve o poeta entregar-se ao "drama", ou se deixar impressionar pelo "grandioso". Mas, sim, ater-se à tranquilidade das coisas reais. "Toda intensificação é boa", diz, mas a intensificação não deve ser confundida com o exagero, ou a grandiloquência. "Toda intensificação é boa quando está em todo o seu sangue, quando não é turva ebriedade." Daí também, Rilke prossegue, a necessidade, imposta aos poetas, de fugir das "profissões meio artísticas". Entre elas, enumera "o jornalismo, quase toda a crítica e três quartos daquilo que se chama e se quer chamar literatura". Alegra-se quando recebe uma carta de Kappus comunicando que se engajou nas forças armadas. "Sim, alegro-me de que leve essa existência firme e concreta, com essa patente, esse uniforme, esse serviço com tudo o que tem de tangível e limitado." O poeta deve buscar aquelas circunstâncias superiores que nele operem violentamente e que o coloquem diante da natureza, "eis tudo o que se faz mister".

As *Cartas a um jovem poeta* foram escritas no mesmo período em que, invertendo as posições, o próprio Rilke escrevia a Auguste Rodin em busca de conselhos sobre a arte de viver e criar. Fato que basta para atestar sua complexidade. Elas são seguidas, na edição de 2001, pela Editora Globo, de *A canção de amor e de morte do porta-*

estandarte Cristóvão Rilke, texto escrito de um só fôlego numa noite de 1899, no qual poesia e prosa se mesclam livremente. Inspirada na experiência de um antepassado, que o poeta toma como sua, a canção é uma antecipação vibrante das meditações contidas nas cartas a Kappus

(Rainer Maria Rilke, "Caderno 2", *O Estado de S. Paulo*)

VINTE E OITO | **SUJO E BRUTO**

AGORA QUE ATRAVESSAMOS A FRONTEIRA DE MAIS UM SÉCULO E QUE ele se descortina tão ameaçador, pode ser útil voltar o rosto para cem anos antes e examinar como agiram os grandes artistas diante dos enigmas propostos pela virada do século anterior. Entre os escritores, no abismo que separou o século XIX do XX, destaca-se a figura do romancista italiano Italo Svevo (1861-1928), cujo nome, no entanto, só passou a ser efetivamente conhecido após a Segunda Guerra. A literatura de Svevo remexe no coração da velha Europa, que teve seu fim delimitado pela queda do Império Austro-Húngaro. O retorno ao desfecho do século XIX e a um escritor como Svevo é proveitoso não apenas para revelar a permanência de alguns enigmas fundamentais, que nem o avanço tecnológico extraordinário nem a história acelerada do século XX conseguiram desfazer. Mas também para que, instalados na garganta do tempo, tenhamos a chance de encarar algumas questões que apenas fingimos deixar para trás, quando elas continuam aqui, sem resposta. Interrogações da existência, imutáveis, atemporais, indiferentes ao avanço das horas e às mudanças, que estruturam a mente humana.

Na Itália do fim do século XIX, Svevo era acusado pela crítica de "escrever mal". Curiosa incriminação, feita por críticos surpresos com seu estilo sujo e bruto, sintoma de uma indisposição e de uma febre intelectual; prenúncios do século XX, cuja gestação era, de certa forma, não só o tema, mas também o motor da literatura de Svevo, para quem a vida era, a rigor, uma enfermidade. Italo Svevo, cujo nome verdadeiro era Ettore Schmitz, fez sua formação intelectual na Alemanha (daí, provavelmente, sua maneira dura de escrever o italiano) e começou a estudar comércio; mas, por causa de problemas financeiros na família, foi obrigado a se empregar como bancário, função que ocupou durante duas décadas no Banco União de Viena, em Trieste. Nos intervalos, passou a se dedicar à literatura. Fez sua estreia aos 29 anos, quando conseguiu publicar, no jornal *The Independent*, o conto "O assassinato da via Belpoggio" — agora integrado à coletânea de contos que o leitor brasileiro tem nas mãos. Seu primeiro romance, *Uma vida*, de forte fundo autobiográfico e introspectivo, chegou às livrarias dois anos depois. O título original seria *Um incapaz* e é uma pena que Svevo dele tenha desistido; a história é fortemente influenciada pelo pessimismo do filósofo Schopenhauer, de quem o escritor foi um leitor dedicado. O livro inaugura uma galeria de personagens burgueses, de mente conformista, que se amparam em ilusões; sujeitos empenhados apenas em sobreviver, já vencidos, com o futuro anulado.

Seis anos depois, com o segundo romance, *Senilidade*, Svevo retomou o mesmo tom melancólico, tratando do tema do amor e de seus infernos. É a história de um velho que se apaixona por uma jovem, um motivo simples e sentimental, mas que, em suas mãos, se adensou. Também esse segundo livro de Svevo foi recebido com um silêncio brutal, desprezo que o levou a afastar-se por longo tempo da literatura. Depois de se casar com Livia Veneziani, Svevo parecia mesmo decidido a esquecer sua carreira de escritor, dedicando-se aos negócios dos Veneziani. Foi trabalhar no comércio, teve um filho e passou a levar uma vida burguesa e monótona — transformando-se, ele também, num dos personagens que habitam seus livros. Mais tarde, transferiu-se para uma fábrica de verniz. Ainda assim, em 1905, conheceu James Joyce, que durante algum tempo foi seu professor de inglês na Escola Berlitz, em Trieste, e que admirava seus primeiros livros, em particular *Senilidade*. Seu romance mais célebre, *A consciência de Zeno*, só foi publicado quando Svevo já tinha 62 anos de idade. Antes de morrer, em 1928, num acidente de automóvel, Italo Svevo ainda viria a publicar mais dois livros, aos quais se juntaria depois uma variada obra póstuma.

Tomado por alguns como um precursor de Proust e até de Joyce, os temas de Svevo são, em geral, a saúde e a doença, a serenidade e o desequilíbrio, a sanidade e a loucura, esses extremos que convivem paradoxalmente na figura do homem, lhe conferindo o que chamamos de humanidade. Svevo foi um leitor atento de Sigmund Freud, chegando a traduzir *A interpretação dos sonhos* para o italiano; essa ligação com a psicanálise, temperada com as influências realistas de Flaubert e Balzac, o levou a uma outra visão, mais complexa e menos esquemática, da realidade. Fez, pode-se dizer, um realismo interiorizado, voltado não para fora, mas para a introspecção e o jogo de perspectivas que delineia e conforma o real. O grande tema de Svevo, provavelmente, é a consciência e suas falhas, seus truques, suas ilusões — isto é, o inconsciente que a sustenta e, ao mesmo tempo, a perfura. A instabilidade, enfim, que caracteriza o humano. Seus personagens são solitários, inaptos e hipocondríacos; são negativistas e vivem em luta consigo mesmos, eternamente massacrados pela fragilidade da existência e pelas aflições inerentes à vida comum. Para sobreviver, eles se escondem atrás de máscaras que, no entanto, lhe pesam e que, frequentemente, escorregam de seus rostos. Para salvá-los, só mesmo a paciência e a introspecção, temperadas por uma sutil ironia e, no fundo, por uma grande autopiedade.

Assim são, também, os contos reunidos nessa coletânea (*Argo e seu dono*, Berlendis & Vertecchia). Oito contos, escritos em fases diferentes de sua carreira e que atestam soluções diferentes para problemas distintos. "Argo e seu dono", que abre a coletânea, guarda uma complexa hipótese sobre a linguagem dos cachorros, apresentada nos dois enfoques, primeiro no do próprio cão, Argo, e depois no seu dono, colocando em questão valores como a sinceridade, a hipocrisia e o sofrimento. Teoria que se expressa na máxima: "A vida é assim: é necessário antes implorar para ter as coisas e depois rosnar para conservá-las." Já "O assassinato da via Belpoggio", como aponta o apresentador Elvio Guagnini, está encharcado das ideias de Schopenhauer a respeito do retardamento da consciência em relação aos fatos; é uma narrativa sobre o modo traiçoeiro como a consciência se produz, sempre em luta contra as tendências humanas para deformar e abrandar a realidade. Publicado primeiro em capítulos no *Nazione*, de Trieste, "Nós do bonde de Servola", texto híbrido, que mescla o conto, o comentário, o relato de viagem e a reportagem, apresenta um retrato notável da rotina italiana. Mescla o humor a uma percepção refinada com soluções surrealistas, que parecem desmenti-la, mas, na verdade, a enriquecem. "O meu ócio", uma azeda meditação sobre a velhice, a morte e o sentido (ou a falta de sentido) da sobrevivência e da reprodução, é, de certa forma, um retorno às questões que Svevo tratou em *A consciência de Zeno*, já que lhe é posterior. Alguns críticos o colocam, mesmo, entre os fragmentos de uma continuação do romance, prolongamentos que Svevo esboçou, mas nunca concluiu. "De modo traiçoeiro" é a história do comerciante Maier que, à beira da falência, procura o velho amigo Raveni para lhe pedir dinheiro emprestado e fracassa. É uma narrativa sobre os choques entre a sinceridade e a representação, entre o que se diz e o que se cala, como todas as outras que compõem a coletânea.

Svevo, como os austríacos e contemporâneos de Freud Robert Musil (1880-1942) e Karl Kraus (1874-1936), é um escritor que se perfila numa fronteira extrema, não só de um século mas de um estado de consciência; e é dali, dependurado à beira de um abismo, ainda carregando os restos do passado, mas já preparado para o futuro, que escreveu uma obra seca, mas aguda. Visto por alguns como um precursor do existencialismo, o que é discutível, pois sua escrita não parece compatível com doutrinas, Svevo é, isso sim, e embora ainda pouco conhecido, um dos mais originais narradores do século XX.

(Italo Svevo, "Caderno 2", *O Estado de S. Paulo*)

VINTE E NOVE | A CHAVE DO IMPENETRÁVEL

Por que é obscena a Senhora D, a personagem mais conhecida da escritora Hilda Hilst? Que sentimentos de vergonha ela provoca em seus leitores? A Senhora D fere o pudor daqueles que, mesmo habitando um mundo paradoxal e enigmático, preferem encobrir sua perplexidade com a ilusão de solidez. É do fluido, do disforme, não do sólido, que trata *A obscena Senhora D*, livro de 1982, romance, poema, monólogo com que a Editora Globo iniciou, com a dignidade que lhe é devida, o relançamento da obra completa de Hilda. Metida no vão de uma escada onde faz o luto pela morte do amante, a Senhora D, que nada mais tem a perder, desiste de conceder e de negociar; já não precisa mais ser educada e paciente. E, como uma criança que faz as perguntas mais escabrosas com grande despudor, põe-se a revisar os enigmas da existência.

Como as crianças e os místicos, a Senhora D está em busca da razão do existir — mas o que ela acha é uma existência sem razão, que é apenas caos e acaso. Uma vida que se reduz a um amontoado de crenças e presságios, de suposições e convicções, todos eles insuficientes para compor uma resposta. O vão da escada, se lhe serve de abrigo, também a prende; as perguntas expandem sua visão do mundo, mas também a cegam. O tema da Senhora D é o tempo — mas seu maior problema é o espaço exíguo em que se esconde, fenda que, evocando a sufocação do parto, lhe dá a dimensão do existir. Ali, as palavras se dobram e se desdobram, avesso e direito se confundindo — e é na exposição dessa ambiguidade (como nos hermafroditas e nos travestis) que está o obsceno. Para Hilda Hilst, a literatura é esse desprender-se da fixidez humana; desatar os fios que sustentam a máscara, para desaguar no ignorado e no disforme. É uma liberação e um salto mas, como somos desprovidos de asas, é também uma queda e um afogamento. E é em nossa animalidade, Hilda indica, tomando para si a voz de Rilke, que se guarda o destino.

Hilda Hilst já disse que desconfia das mulheres, por acreditar que elas são fascinadas pela superfície e, em consequência, avessas à profundidade; a Senhora D é, nesse sentido, uma antimulher, e é nessa cambalhota que ela se assemelha a Hilda. Numa análise superficial, costuma-se dizer que a matéria da escrita de Hilda é o erotismo. A própria Hilda admite que, durante certo tempo, ele teve um peso considerável em seu trabalho, força que depois se desvaneceu. Mas o erotismo de Hilda é o mesmo de Sade (autor que, curiosamente, ela rejeita, não pelo obsceno, mas pela violência): é o terreno profundo e inacessível em que a paixão se liga à morte. Situa-se naquele patamar oculto em que os contrários se interligam e exercitam suas semelhanças. Eros e Tânatos, como em Freud, se enlaçam; em vez de se anularem, se alimentam. Na escrita de Hilda, do mesmo modo, o erotismo termina por ser, como numa Teresa d'Ávila, a manifestação do sagrado. Para debochar dos leitores que a desprezavam como "difícil", ela resolveu escrever, certa vez, uma "trilogia" pornográfica — mas a pornografia, como mostra a Senhora D, é só uma casca, medíocre e até cômica; daí o humor que aparece nesses três livros debochados (o humor negro é um elemento chave de sua literatura). Através dele, Hilda aponta ao leitor o fracasso da sua, de qualquer literatura. É nessa perspectiva da dubiedade, é para escalá-la como a uma escada íngreme, que Hilda Hilst escreve seus livros. Diz-se que eles são opacos e inacessíveis; mas é desse caráter impenetrável que emana seu vigor. Do atrito que ele produz na mente dos leitores, até da repulsa que provoca — já que ninguém os lê comodamente.

As perguntas passaram a pressionar a mente de Hilda quando seu pai, Apolônio Hilst, poeta talentoso e leitor fervoroso de Nietzsche, enlouqueceu. Tinha apenas 35 anos e foi declarado esquizofrênico, passando desde então longas temporadas em sanatórios. Hilda ficou muitos anos sem vê-lo e, quando enfim o reencontrou, aos 16 anos de idade, seu destino de escritora tomou forma. Não é por outra razão que a fotografia do pai aparece na contracapa dessa nova edição, de 2001, pela Editora Globo, de *A obscena Senhora D*. Hilda já declarou que fez toda a sua obra "através" do pai — isto é, contra e a favor dele, para afrontá-lo e, ao mesmo tempo, para ocupar seu lugar; daí, provavelmente, os aspectos viris que nela podem ser detectados, entre eles a ira e o destemor. Fez uma obra que guarda ainda aspectos kafkianos, uma obra contra o pai, para superá-lo, para substituí-lo. A literatura, com esse caráter dúbio de amparo e desafio, tomou o lugar desse pai encarcerado; e o medo da loucura converteu-se em seu combustível.

A matéria poética de Hilda, ela mesma já declarou, é a intuição. Vê a poesia, em consequência, como um elemento que flutua sem destino, à espera de que o poeta o colha. Seu tema mais superficial é a paixão, mas essa paixão é a paixão pelo insano — e conduz, portanto, ao afastamento, não à proximidade. Aos 50 anos, a escritora se apaixonou perdidamente por um primo, que também era louco; um duplo do pai, sua continuação, assim como sua literatura continua aquela que, por causa da doença, o pai deixou de fazer. "Aquela paixão tardia me transformou", disse Hilda. "Eu rastejava e soluçava feito uma adolescente." Amortecido, esse sentimento se fixou na escrita. Como a intuição é fluida, Hilda escreve através da captação de fluxos, correntes de ideias que se entrechocam, movendo-se em movimentos alternados e até contraditórios, que se sustentam unicamente sobre o fio da palavra. A literatura, assim, se torna um suporte para uma desordenada corrente de imagens e vozes, que lutam entre si em busca de espaços para uma incorporação. "Porque te amo/ deverias ao menos te deter/ um instante", ela chega a pedir na "Ode descontínua e remota", poema de *Júbilo, memória, noviciado da paixão*, seu primeiro livro de versos, de 1974, relançado agora pela Editora Globo. É para deter o ritmo desenfreado das paixões que Hilda se escora na palavra; mas, ao tomá-la como apoio, se assemelha a alguém que, em meio a uma queda, se amparasse num pântano.

    Talvez o que marque mais definitivamente o trabalho de Hilda Hilst seja a solidão. Não apenas a solidão pessoal, da mulher que, depois de ler a *Carta a El Greco*, de Kazantzakis — o autor grego que, para escrever, se escondeu no monte Athos —, decidiu isolar-se num sítio da periferia de Campinas, chácara que batizou (em outra ironia) de Casa do Sol. Mas a solidão de quem, em pleno século XX, dispensou todos os valores do modernismo, todos os consolos de escola, para aferrar-se apenas a si. Em seu refúgio, Hilda vive como uma náufraga, escrevendo uma literatura à deriva, que ronda e ronda em torno de um enigma que, ela sabe de antemão, não decifrará.

Como chegar a uma resposta quando, ao fazer uma pergunta, como se dá no budismo, recebemos de volta outra pergunta? Essa pergunta devolvida nada mais é que a literatura. Daí o caráter giratório e hipnótico dos escritos de Hilda Hilst, rotação que provoca uma tonteira e se torna, de fato, um obstáculo para leitores preguiçosos.

(Hilda Hilst, "Caderno 2", *O Estado de S. Paulo*)

TRINTA | O ABRAÇO AFLITO DE BACON

O REALISMO ESTÁ NA ORDEM DO DIA, NÃO SÓ NA LITERATURA, MAS no cinema, no teatro, nos jogos on-line, nos parques temáticos, na televisão. A realidade se tornou objeto privilegiado de consumo: prolifera o desejo de mapear e devorar o mundo real. Quanto mais realidade, melhor, essa é a ideia. Mas qual realidade?

Na literatura, dominam, hoje, duas vertentes. A primeira, dos candidatos a best-sellers, que escrevem para a leitura fácil e digestiva, para as listas de mais vendidos, para as livrarias de aeroportos e sempre com um olho nas adaptações para o cinema e a TV. E a segunda, a dos novos realistas jovens, ou não tão jovens, que investem energias em uma literatura-espelho, que deseja refletir as imagens do mundo, exibi-lo "tal qual é" e, assim, engoli-lo. Não para transformá-lo, é preciso dizer, mas para regurgitá-lo.

Experimentamos, em consequência, uma náusea do real — overdose de fatos e de imagens, de notícias e de escândalos, de eventos e de refletores — que beira a vertigem. Um transbordamento que, em vez de nos ligar ao mundo, nele nos afoga. Asfixiados pela realidade, nem por isso estamos mais vivos. Ao contrário: mais distantes da vida nos sentimos.

Cada vez que leio uma narrativa realista, penso no pintor irlandês Francis Bacon (1909-1992), um de meus pintores preferidos. Ele se definia como um "obcecado pela vida". A paixão pela existência está em suas telas que, indiferentes às experiências de vanguarda do século XX, perseguem uma nova figuração. Nelas, a realidade aparece não fixa e congelada, como no passado, mas, ao contrário, em estado de fervura e de ardência.

Lembrei-me de Bacon, outro dia, enquanto relia, em minhas oficinas literárias das segundas-feiras, o genial *Jerusalém*, romance do português Gonçalo M. Tavares. Penso, em particular, no capítulo 7, dedicado aos personagens Hinnerk e Hanna, em que se fala do modo como os sentimentos (no caso, o medo) penetram, invadem, "se materializam" no corpo e dele tomam posse.

Hinnerk, o personagem de Gonçalo, "é" suas olheiras, sombras que lhe conferem a aparência de um "animal noturno". Não: as olheiras não podem ser reduzidas a cicatrizes do sofrimento. "Na pele concentrada debaixo dos olhos de Hinnerk ocorrera algo de mais complexo", Gonçalo escreve, "uma fusão entre diversos fatos da sua biografia, transformados, ao longo dos anos, numa matéria comum, matéria assustada".

Interesso-me pela expressão "matéria assustada". Eis uma eficiente definição da realidade. Matéria trêmula, instável, que se movimenta

— viva enfim, como a respiração, os batimentos cardíacos, ou os movimentos involuntários do intestino. Realidade, portanto, que desmente o realismo de mármore e de poses dos realistas.

Gonçalo M. Tavares fala, há muito, de uma realidade "fria", regida pela repetição, a que se contrapõe uma realidade "quente", onde tudo é transitório. A primeira é previsível e, portanto, falsa. A segunda é uma realidade tensa e assustada, que se debate com a verdade, ou com a impossibilidade de verdade. Ela surge, também, nas telas de Francis Bacon.

Na literatura, essa diferença não se oferece facilmente, embora escritores como Clarice Lispector, Fernando Pessoa e o próprio Gonçalo ajudem a desvendá-la. Pode ser muito útil para os escritores, então, tomar alguma distância — por exemplo, na pintura. Por que não? As telas de Bacon oferecem um estupendo posto de observação das estratégias literárias contemporâneas. Ponto de contraste, em que desmonta a verdade das imagens nítidas, dos perfis irretocáveis e dos diálogos fluentes.

Não: a realidade, em vez de fluir, avança aos trancos. O real está mais na obscuridade que na clareza. Está mais na volubilidade que no fixo. Surge no repuxo do interno que, rompendo a matéria, deformando-a, se torna matéria também. Quase sempre preferimos nos consolar com a ideia da solidez. Do previsível e do constante. Se a literatura pode estabelecer algum vínculo com o real, contudo, ela deve estar preparada para o que não é capaz de capturar. Deve estar pronta para a ruína do natural, que é, enfim, o que nos resta para definir o próprio natural.

Bacon renunciou à lógica natural, que desenha um mundo sempre enquadrado em sentidos, em "fases", em hierarquias. E que tende, em consequência, à classificação e ao cadastramento. Mundo de burocratas e de escriturários, de projeções e de balancetes. O mundo real, ao contrário, se inclina (e cada vez mais) para a pulverização e para a explosão. O natural não é coerente, não é previsível — em resumo: não é natural. Só a partir dessa inversão, que exige coragem, a literatura pode, enfim, se equipar para o enfrentamento do real.

Os pensamentos e sentimentos encarnados no corpo — como o medo que, em *Jerusalém*, se manifesta nas olheiras de Hinnerk — oferecem um caminho mais verdadeiro (embora mais difícil) em direção à realidade. Volto a Francis Bacon, que, desde jovem, sofria de asma. Respiramos sem pensar, mas os asmáticos, a cada inspiração, incorporam, junto com o ralo ar que conseguem tragar, um pouco de pensamento e de dor. Só quando o natural fracassa, ou quando se revela instável e perigoso, se torna vivo. No mais, ainda estamos na esfera das máquinas, das estratégias e dos programadores.

Penso, ainda, no genial estudo que Bacon realizou do retrato do papa Inocêncio X, pintado por Diego Velazques. Ao contrário de Velazquez, impecável retratista da corte espanhola, Bacon não se interessou pela imitação do real. Sua relação com o real não se dá pela cópia, ou pela reprodução ponto a ponto, mas, como ele dizia, "por convulsão". São os movimentos internos no modelo (se é que alguém pode se engessar nesse papel, mais apropriado a estátuas e a manequins) que tomam a frente da tela. A vida se transforma em cataclismo: ela se define não pelo enquadramento, mas pela agitação.

Nada da fraqueza (e, algumas vezes, estupidez) que delineia as paisagens e os retratos realistas, mas sim as convulsões interiores e suas cicatrizes. Nenhuma plenitude espiritual, mas só equívocos, dúvidas, tremores. Não se trata de um Inocêncio X imóvel, em seu trono pontifício, congelado pela pompa e pela missão sagrada, mas sim de um papa fulminado pela vida, com os nervos expostos, empenhado em sobreviver, pego em flagrante no drama de ser.

O óleo de Francis Bacon empresta à realidade um caráter mais complexo e vivo que o oferecido pela escrita realista. Também o estudo de autorretrato que Bacon pintou em 1964 se oferece aqui como referência. Nele, a imagem do pintor surge como um estremecimento. Viver é uma contorção — e é assim, retorcido e descentrado de si, que Bacon se vê e se exibe.

O rosto do artista se desmancha em um cubo negro. Mãos e pernas se cruzam não em pose elegante, não em afetação, mas em estado de sofreguidão. Como se alguém, em vez de posar para uma fotografia, oferecesse ao fotógrafo um susto. O susto é o real — não a imagem límpida (ainda que chocante, ou violenta, ou eletrizante) que as superstições dos realistas estampam.

Os estudos para retratos de Isabel Rawsthorne e Lucian Freud, amigos de Bacon, reafirmam sua disposição para o vivo. Há ali uma maneira de pintar (e, arrisco-me a pensar, de escrever), uma maneira de olhar o mundo, enfim, que ultrapassa a naturalidade das imagens. Algo que corresponde muito mais à grosseria e turbulência do mundo que a sua idealização. Ali está o que somos de pior, mas também de melhor. Não matéria fixa, mas matéria que dança, matéria em estado (e posição) de luta.

Na literatura, a ideia da luta se transforma em um precioso instrumento. Um confronto entre as narrativas dos realistas de hoje e as telas de Francis Bacon expõe a apatia de nossos escritores. A literatura só chega a ser literatura se desiste do estável — o que, no campo pessoal, significa também desistir das boas vendas, do sucesso rápido e dos aplausos de ocasião. O escritor avança (seja em que direção for, seja como desejar) quando se desapega das leituras lineares do mundo. Quando desiste de dominá-lo e o abraça pelos nervos. É um abraço aflito, mas potente. Não é uma fusão: é uma deflagração.

Um mundo nervoso e excitado pede uma literatura que não se contente com a placidez das superfícies. Uma literatura que rasgue certezas e que faça desse rasgo uma estratégia para escrever. "Os modelos são feitos de carne e osso, e o que devemos captar é essa emanação", Bacon disse um dia. "Devemos pintar até colher a energia que deles se desprende." Ideia, a da emanação, que serve também aos escritores. Como um abraço de horror que, em meio ao susto, e sem esperar por isso, recebemos de alguém.

(Francis Bacon, *Rascunho*)

TRINTA E UM | O TRIÂNGULO DE MACHADO

Cento e vinte e cinco anos depois de sua publicação na *Gazeta de Notícias*, "A cartomante", um dos mais conhecidos contos de Machado de Assis, me ajuda a pensar o difícil vínculo que liga, mas também afasta o escritor de seus escritos.

A estrutura triangular do relato reproduz o impasse — ele também de três pontas — que aprisiona o escritor enquanto escreve. Triângulo que tem seus vértices no próprio autor, no texto e em um terceiro, que entre eles se interpõe.

É conhecida a história do amor secreto entre Camilo e Rita, nas barbas de um silencioso Vilela. O casal teme ser desmascarado.

Aflita, Rita visita uma cartomante que, depois de ler as cartas, a tranquiliza.

Ela não teme, apenas, que o marido, Vilela, descubra sua traição. Receia, também, que o amante, Camilo, sob a pressão do segredo, se afaste. A cartomante a acalma, nada de mal acontecerá. Rita relata seu desafogo a Camilo que, racional e cético, se põe a rir. Enquanto isso, Vilela se conserva em absoluto silêncio, como se as duas outras pontas do triângulo não lhe dissessem respeito.

Machado isola seus personagens em uma espécie de enigma. Afasta-os das contingências externas e os conserva, intactos, no mundo da invenção. "Vilela, Camilo e Rita, três nomes, uma aventura e nenhuma explicação das origens", escreve. Inscreve-os no universo arbitrário da literatura, sem passado (sem "origens") e sem futuro. Três pessoas aprisionadas em uma ação gratuita, que se sustenta unicamente por si mesma.

"Uniram-se os três. Convivência trouxe intimidade", Machado prossegue. O pacto se solda. Quando Camilo faz aniversário, Vilela lhe traz de presente uma rica bengala. Rita, "apenas um cartão, com um vulgar cumprimento a lápis". Camilo despreza a bengala, mas não consegue arrancar os olhos do bilhetinho. "Palavras vulgares, mas há vulgaridades sublimes", Machado diz.

Potência das palavras — mais do que qualquer objeto elegante, são elas que magnetizam as atenções. Força que se evidencia não só no cartão de Rita, mas, logo depois, em uma carta anônima que o mesmo Camilo recebe. O autor secreto o acusa de "imoral e pérfido". Palavras doces (de Rita) ou palavras duras (do escriba misterioso): sempre as palavras a atordoar.

É das palavras, portanto, e de sua potência — não de um triângulo amoroso banal, ou de uma crença ingênua nas artes divinatórias — que o relato de Machado de Assis trata. Narrativa, também, sobre o poder da leitura — mais potente que qualquer outro. Narrativa a respeito daquilo que se quebra quando alguém se põe a escrever.

Assustado com as ameaças anônimas, Camilo se retrai e pouco aparece. Vilela reclama de suas ausências, ele as atribui a "uma paixão frívola de rapaz". Poupa as palavras para nelas não se enroscar. Cheia de dúvidas, Rita procura a cartomante. Busca alguém capaz de ler aquilo que, sozinha, ela não pode ler. A cartomante nada mais é que uma leitora. Seus poderes vêm não só das palavras que lê, mas das palavras que diz.

Desconfiando de Vilela, Rita leva os sobrescritos da carta anônima para comparar com os seus. Também ela, imitando a cartomante, se torna uma leitora, de cujas habilidades, ou incompetência, depende o próprio destino.

No dia seguinte (novas palavras), Camilo recebe uma carta de Vilela. "Vem já, já, à nossa casa, preciso falar-te sem demora." Novas palavras, que o convocam para a audição. O que o bilhete significa? — pergunta-se Camilo, investido, agora, do papel de leitor. Esforça-se para ler, repete as palavras terríveis ("Vem já, já..."), mas as palavras lhe escapam.

Camilo é o escritor, que confia em seu poder de distinguir e manobrar as palavras; o homem "dono de si" que, em contraste com a sonhadora Rita, para quem o devaneio é tudo, pensa que as palavras são qualquer coisa. Ocorre que todo escritor é, antes de tudo, um leitor; só gera novas palavras quem consegue dominá-las.

Desassossegado, Camilo pega um tílburi e vai à casa de Vilela. Quer defrontar palavra contra palavra, tirar as palavras a limpo. Comporta-se como o escritor que, aflito, persegue o texto impecável e a palavra perfeita. E que acredita em seu poder de conseguir isso.

Mas que nada... No caminho, as dúvidas (a voz de Vilela: "Vem já, já...") o atormentam. Ruas à frente, uma carroça tomba e bloqueia o caminho. Camilo se dá conta, então, de que está diante da casa da cartomante. A voz secreta da pitonisa — expressa em um par de janelas fechadas — o chama. A ideia de ouvir a cartomante, "muito longe, com asas cinzentas", aparece, desaparece, reaparece. Ele vacila.

Quando dá por si, já entrou. A cartomante pega as cartas, embaralha, lê. "As cartas dizem-me..." Dizem que Camilo deve agir com cautela, mas que perigo algum o ameaça. Nada aconteceria, "ele, o terceiro, ignorava tudo".

Embriagado pelas palavras, Camilo (como o escritor, fascinado com o que escreveu) segue seu caminho. Chega à casa de Vilela, encontra o silêncio. Vilela aparece, Camilo se desculpa pela demora. Vilela silencia — as palavras já não lhe servem de nada. Conduz o visitante até a sala. Vem o golpe: Rita está morta, ensanguentada sobre o canapé. Camilo nem tem tempo de sofrer: Vilela pega o revólver e, com dois tiros, sem precisar de uma só palavra, o mata.

Retorno à literatura, que o triângulo de Machado sintetiza. Camilo ocupa o lugar da realidade: convenções sociais, regras naturais, saber racional, bom-senso. Rita, o da fantasia: sonhos, crendices, arroubos, superstições. Tanto a realidade como a fantasia expressam-se em palavras. Sem elas, não existem.

A literatura, porém, não está nem na realidade (no realismo), nem na fantasia (na imaginação). Terceira ponta afiada, ela está entre os dois, ali onde Vilela, com seu revólver, se perfila. As palavras — enxutas, brutais, comprimidas em um bilhete — anunciaram um corte. Não, não estou dizendo que o escritor deva ser um assassino. Seria horrível, mas ainda assim seria simples demais.

Ainda que Machado trabalhe com a metáfora da morte, a ruptura que Vilela impõe a Rita e Camilo é de outra ordem: diz respeito à invenção. Ali onde as palavras se arrastam, ora empenhadas em sincronizar com a realidade, ora lutando para desmenti-la, Vilela impõe um golpe seco, brutal. Abismo em que a literatura, enfim, se faz.

(Machado de Assis, *Rascunho*)

TRINTA E DOIS | O GABINETE DA BRUXA

QUANDO LHE PERGUNTEI, DURANTE UMA ENTREVISTA QUE ME concedeu poucos meses antes de sua morte, por que escrevia, Clarice Lispector fechou o semblante, afogou-me no silêncio e só algum tempo depois, ainda muito aborrecida, respondeu: "É o mesmo que eu te perguntar: — Por que você bebe água?" Eu era só um repórter iniciante e, talvez por isso, sufoquei no desafio que ela me ofereceu como resposta. Logo que pude, e para me esquivar, mudei de assunto; mas a entrevista já estava estragada. Ferida pela pergunta que lhe fiz, Clarice não relaxou mais e a pergunta ali ficou, um obstáculo entre nós. Até hoje, o impacto que ela produziu não cessou de ecoar, nem pude ter uma resposta que me satisfizesse, o que, provavelmente, indica que Clarice estava certa. Sem uma resposta, ficou a pergunta, solitária: — Por que alguém decide se tornar escritor?

Agora, fazendo a mesma pergunta ao escritor Fernando Sabino, fui obrigado a tolerar outra resposta desorientadora: "Eu escrevo para saber por que escrevo", ele me disse. De aspecto circular e assemelhando-se, à primeira vista, a uma fuga, ou pelo menos a um desvio, a resposta de Sabino, no entanto, resvala no ponto mais fundamental da aventura literária: a ignorância. Com ela, Sabino me prendeu num emaranhado de novas interrogações; o que parece indicar que certas perguntas, em vez de se satisfazerem com réplicas mecânicas, servem apenas para gerar outras perguntas e, assim, se ampliar.

Por que toda pergunta a respeito da origem da literatura termina contorcida sobre si mesma, para depois retornar ao lugar de onde saiu? Por que, ao perguntar a um escritor por que ele escreve, e mesmo sem desejar isso, estamos pedindo algo que se aproxima do irrefutável — como se, seguindo a sugestão de Clarice, o ato de escrever, e os livros que ele produz, não bastassem? Por que, então, toda pergunta a respeito da origem da literatura produz não só respostas insuficientes, mas parece também, ela própria, importuna e imprópria? A literatura — a arte — é criação, isto é, invenção. E a invenção nem sempre é bem-vista, sendo, muitas vezes, tomada só como coisa imaginada com astúcia ou má-fé. Invencionice, maquinação, mentira, é o que se diz. A suspeita que a literatura desencadeia vem, provavelmente, de um fator: ela parte, ou nasce, do nada. Não de algo que se perdeu, ou que foi substituído, ou roubado, ou escondido; mas de alguma coisa que nunca existiu e cuja presença ela vem, assim, fundar. A luta com a ausência é definidora da arte. Na literatura, contudo, que é por excelência o domínio das palavras, ela se torna ainda mais embaraçosa.

Escrever — e aqui Clarice não se enganou —, embora não seja tão "natural" quanto beber água, comer, ou respirar, é algo que, em vez de ser escolhido, se impõe. Às necessidades da biologia e do corpo, podemos dar uma resposta, nem que seja só um paliativo — como se diz: "enganar a fome". Com a arte, ao contrário, os atenuantes não funcionam. A literatura se origina de uma ausência à qual nenhuma resposta, ou objeto, corresponde. Só resta enfrentá-la, ou metaforizá-la, através da escrita, mesmo sabendo de antemão que isso não bastará. Temos, inclusive, a chance de simplesmente não dar resposta alguma, de descartar o desassossego que ela produz, ou ignorá-la. Mas, se podem simplesmente desconhecer essa ausência e, ainda assim, continuar vivendo, por que tantos homens e mulheres dedicam sua existência à literatura? Por que, afinal, continuam, mesmo contra todos os embaraços e obstáculos, a escrever?

Existem aqueles, muitos, que praticam a literatura "profissionalmente", isto é, com a ideia de obter ganhos financeiros, recompensas, prêmios, prestígio. Contudo, para aqueles que a praticam como uma aventura e não como uma "profissão", não há remendo que baste. Para esses, a literatura se coloca, desde o início, como uma experiência sem fim. O escritor escreve, escreve, escreve e, no fim, o que encontra é só — ou tudo — aquilo que escreveu. Escreve em busca de uma resposta, mas permanece na pergunta, já que os grandes livros não fornecem soluções, mas, ao contrário, as destroem. Ou, como disse Clarice, quando se põe a escrever, o escritor se depara com o espanto. Escrever, ela diz, é um susto. Esse assombro, a surpresa diante do que vai surgindo é talvez o único instrumento que temos para medir a intensidade de uma escrita.

Os escritores podem ser cerebrais, frequentar escolas e teorias e, a partir delas, compor esboços, antever esquemas, projetar meticulosamente o que pretendem escrever. Desde o século XIX, essa ideia está contida, por exemplo, em Edgar Allan Poe — bastando ler um ensaio como "A filosofia da composição", em que Poe se esforça para revelar as intenções submersas que teriam gerado, e viriam a explicar, a criação de seu célebre poema "O corvo", de 1845. Mesmo nesse ensaio, porém, o escritor norte-americano termina por admitir que, ainda assim, a qualidade do poema se deve, em grande parte, a "certa soma de sugestão, certa subcorrente, embora indefinida, de sentido". A ênfase, aqui, deve ser procurada na indefinição a que, nas últimas linhas do ensaio, Poe não pode deixar de ceder.

Em que medida podemos dizer hoje, repetindo Flaubert no célebre comentário sobre sua Madame Bovary, que escritores "são" aquilo que escrevem? Ao contrário, não seria mais prudente pensar que aquilo que escrevem pode estar sempre aquém — ou, dizendo melhor, além — daquilo que desejaram criar? Para lembrar Fernando Pessoa: "Tudo quanto penso/ Tudo quanto sou/ É um deserto imenso/ Onde nem eu estou". Quanto mais o escritor cava, mais há a revolver; quanto mais avança, mais distante ele se sente, como se caminhasse para trás, ou batesse em retirada. A ausência não se preenche; a pergunta fica sempre sem resposta. Mas para que, então, tanto esforço? — interrogam-se, frequentemente, os escritores, depois de meses e meses a fio debruçados sobre os rascunhos de um livro. Como disse Sabino, o escritor escreve para saber por que escreve.

O problema é que, de antemão, já sabe que não chegará a uma resposta, mas a um livro — o que são coisas bem diferentes. Esse livro será só um amontoado de novas perguntas, ou um girar vacilante em torno delas, sem jamais se satisfazer com as respostas que vier a produzir. Então: o escritor escreve não para chegar a uma resposta, pois não chegará a uma, mas para formular perguntas. O círculo se fecha mais uma vez, já que a mais importante pergunta que pode um escritor formular continua a ser: — Por que eu escrevo?

É esse empenho em perguntar sem se iludir com a força das respostas que, por fim, define o homem, não só o artista. Animais não se interrogam, embora, muitas vezes, no cotidiano, eles sejam tomados pela dúvida; ali estancam, vacilam, enfim se decidem por esta ou aquela solução instintiva (atacar, esconder-se, fugir); mas tomam suas decisões por instinto, sem formular perguntas, só no replicar imediato — enfim, sem a mediação das palavras, a que só o homem tem acesso. É próprio do homem, ao contrário, deter-se nas perguntas; e, mesmo nas muitas vezes em que ousa responder, é sempre para chegar a novas e novas perguntas, um abismo que, por fim, define seu modo de existir. Uma nova descoberta da ciência leva sempre a uma nova dúvida; um novo modelo de avião, ou de computador, sempre ao rascunho de outro que virá superá-lo. A insatisfação define o homem e ela se materializa nas perguntas que ele se faz, sem parar. Por isso, para perguntar e experimentar a possibilidade de respostas, ele fala. E escreve.

Grande parte do existir humano, contudo, se passa em zonas submersas, ali onde muito pouco se vê. E a vida, por isso mesmo, pode ser descrita como o girar e girar em torno de um ciclone de perguntas, que se chocam, esboçam respostas, mas se respondem sempre com novas questões. Gira em torno de um enigma, como disse o filósofo catalão Rafael Argullol, composto por esse interminável conjunto de perguntas que, afinal, caracteriza o homem. Assemelha-se, assim, a um transe — basta pensar nas mães de santo a girar e girar envoltas no som dos atabaques; ou nos dançarinos da Turquia (os dervixes), a girar e girar, sem nenhuma perspectiva de pausa, só para chegar ao êxtase místico e, assim, se unir a deus. O homem continua a rodar e rodar — a escrever e a escrever —, porque as perguntas não se resolvem, chegando apenas a sugestões imperfeitas, como alguém que calçasse sempre um sapato errado e, ainda assim, não desistisse de experimentá-los. Esse ciclone de perguntas, que se respondem sempre com novas perguntas é, enfim, o próprio homem.

É bom recorrer outra vez a Pessoa, citado por Leyla Perrone-Moisés em conhecido ensaio, "Aquém do Eu, além do Outro": "Eu sinto que ficou fora do que imaginei tudo o que quis/ Que embora eu quisesse tudo, tudo me faltou". É a inexistência de uma resposta definitiva que sustenta a busca e que, em consequência, confirma a escrita; é a ausência de respostas, ou o valor insuficiente das respostas, que se oferece como matéria para literatura. Sem dúvidas, não há literatura; sem hesitação e insuficiência, ela se torna impossível. Sem fome, como disse o escritor americano Paul Auster, ou sem sede, como sugeriu Clarice Lispector, ninguém se torna escritor. Quando a literatura tenta dar uma resposta completa, ela pode até imitar a ciência, ou a pseudociência; pode ser tomada por filosofia, ou pseudofilosofia; mas deixa de ser o que é. É, nesse caso, qualquer outra coisa, menos arte — e a literatura, tal como a os escritores a concebem, é antes de tudo uma arte, como a pintura e a música. Por mais bem-sucedida que seja, a arte é incapaz de fornecer respostas, não pode cerrar esse turbilhão de dúvidas; ou, se chega a acreditar nas respostas que é capaz de oferecer, se torna só um arremedo de arte.

Talvez, o fundo da literatura, aquilo que guarda de mais seu, esteja justamente nessas perguntas que não se esgotam. E por isso vale a pena repetir a pergunta fundamental: — Por que você escreve? Para tentar uma resposta e certamente falhar, para falhar e assim terem a chance de exibir o modo como escrevem, oito escritores brasileiros (Ana Miranda, Milton Hatoum, João Gilberto Noll, Fernando Monteiro, Sérgio Sant'Anna, Raimundo Carrero, Carlos Heitor Cony e Lya Luft) foram convidados a responder, publicamente, à interminável pergunta. A esboçar e experimentar respostas, ali onde nenhuma resposta cabe. A se arriscar aceitando uma pergunta sem fim. Ao fim das oito entrevistas, certamente, a pergunta estará ainda mais dilatada, mais cheia de meandros e sutilezas, mais insuportável; mas respondida mesmo, não estará. Contudo, se é com a certeza de que a resposta não virá, por que insistimos em formular a pergunta? E por que eles se darão ao trabalho de tentar responder?

Se fôssemos esperar por uma resposta, ou se ela fosse possível e ousássemos pronunciá-la, a literatura perderia todo o sentido. Nessa hipótese absurda, a literatura se esgotaria. Foi nesse erro, aliás, que caíram muitos dos escritores da vanguarda: o de achar que poderiam "matar" a arte, ou mesmo que ela já estava morta e a eles cabia apenas apontar isso. "Matá-la" foi, talvez, uma maneira de escapar do impacto que ela é capaz de produzir. A matéria da literatura, a rigor, é o modo como a palavra desencadeia choques no homem, o modo como o abala, como penetra em sua mente, como a agita e revira, mas também a dinamiza e vitaliza. A matéria da literatura, portanto, não está nem só nas palavras, nem só nos homens que a pronunciam ou absorvem, mas está "entre" eles. A literatura habita um intervalo autor-livro-leitor. Ela "é" o hífen duplo que os liga.

Na verdade, escritores escrevem, entre outros motivos, para manter vivo esse laço, para contorcê-lo, para apertá-lo, para torná-lo ainda mais tenso: isto é, para produzir instabilidade e inquietação. Daí o fracasso das literaturas ideológicas, das literaturas de propaganda, das literaturas de vanguarda que se contentam em aplicar cânones (a "escrita automática" dos surrealistas, ou a "escrita do olhar" do Novo Romance), o fracasso das literaturas cientificistas (o naturalismo e seu olho clínico, o "romance histórico", o "romance de ideias"). Fracasso? Em todas essas perspectivas, sem dúvida, grandes livros também surgiram. No entanto, talvez tenham nascido muito mais "contra" as regras que seus autores se esforçaram para cumprir do que por causa delas.

Pessoa — outra vez ele — falava do desassossego que a literatura deve produzir. Ele não a via como uma máquina, ou uma tarefa, ou uma profissão, mas algo que deve detonar, como um artefato de efeito moroso, mas fatal, já que, depois de ler um grande livro, ou um grande autor, nunca mais dele nos livramos. Ele fica marcado em nossa mente, em nossa sensibilidade, até mesmo em nosso corpo, já que grandes livros produzem tremores, surtos de prazer, felicidade, pesadelos. Grandes obras deixam vestígios na mente de seus leitores, traços que custam a desaparecer. Por isso nos dedicamos tão avidamente a lê-los: para "ser" um pouco o que eles são. Clarice, em dado momento, disse: "Eu tenho certeza de que, desde o berço, meu primeiro desejo é o de pertencer."

Forneceu, com isso, uma chave para a compreensão do laço que liga um livro a seu leitor. Ao ler um livro, a ele nos entregamos — acomodados à meia-luz, em nossa poltrona preferida, colocando o resto do mundo entre parênteses ou adiando-o para depois. Enquanto lemos um livro, a ele pertencemos. A rigor, ao ler *A metamorfose*, de Kafka, o *Livro do desassossego*, de Pessoa, ou *A paixão segundo G. H.*, de Clarice, cada leitor leu sua *A metamorfose*, seu *Livro do desassossego*, sua *G. H.* Também um escritor, enquanto escreve, pertence a seu livro. "É" aquele livro. No entanto, essa experiência não o satisfaz, tanto que, após um bom livro, parte sempre para procurar um livro melhor. Ora "é" um livro, ora "é" outro, mas nunca se encontra inteiramente em nenhum deles. Na verdade, está entre eles.

Também o escritor, enquanto escreve, vive essa experiência de estranhamento. As palavras saem certamente de si; mas são despejadas no papel ou na tela do computador, como se expelidas por um outro. Como se fossem "ditadas", dizem alguns, recorrendo a uma insuficiente imagem do espiritismo. O que interessa aqui é que a escrita irrompe como se viesse de fora, isto é, como se invadisse a mente do escritor em vez de originar-se dela. Como se a ocupasse, um outro a soprando de fora. Essa impressão, de que a literatura é algo que vem do exterior, descreve, muito bem, aquilo que se passa de mais importante entre o escritor e sua obra: a ignorância.

    A literatura não é algo que o escritor expele, que lança para fora de si; mas, em vez disso, é algo que ele capta e que, ao escrever, toma para si e coloca para dentro, assumindo provisoriamente como seu. É aceitando essas impressões "estrangeiras" e admitindo a presença do que desconhece que um escritor se põe a escrever. Por mais que trabalhe, antes, em seus rascunhos, projetos, esboços, teorias, algo que ele não comanda tomará as rédeas. Não custa, aqui, retornar a Pessoa: "Sinto que sou ninguém, salvo uma sombra/ De um vulto que não vejo e que me assombra". A literatura — a arte — é essa sombra que se abre entre o escritor e aquilo a que ele não tem acesso, ou a que só tem acesso parcial. E que se prolonga até aquele que o lê. Um elo que, enfim, o mantém vivo, preso a alguma esperança, e que o conserva na tarefa interminável de escrever.

(Clarice Lispector, *Rascunho*)

TRINTA E TRÊS | **O POETA DAS PEQUENAS COISAS**

Pablo Neruda declarou, uma vez, que "o poeta deve ser uma superstição, deve ser um místico". Também sua imagem está, ainda hoje, carregada de uma atmosfera ambígua e misteriosa. Configura um grave engano, por conta disso, considerar sua poesia um grande livro esotérico, ou uma coleção de poemas de autoajuda. Ainda assim, os versos de Neruda compõem uma bela e inspiradora meditação sobre a existência e a manta de paradoxos e incongruências que a constitui. Eles fornecem um olhar agudo sobre a condição humana que, pelo susto e perplexidade que produzem, poderiam mesmo evocar, numa interpretação apressada, o saber misterioso dos místicos.

Neruda e sua poesia estão, eles, sim, e há muito, cercados de superstições e de mal-entendidos. Duas delas, em particular, se destacam por sua gravidade — e, por que não dizer claramente, por sua estupidez. Primeiro, há aqueles que se irritam com Pablo Neruda, o poeta, porque ele foi um escritor extremamente fértil, caudaloso mesmo e, em alguns momentos, até prolixo; que nos deixou uma poesia vasta, levando seus detratores a considerarem que, em consequência, ele "escreveu demais".

A respeito dessa tese, e aproveitando para comparar Neruda a Pablo Picasso, o escritor argentino Juan José Saer já lembrou que, enquanto alguns artistas lapidam suas obras secretamente, para só expor mais tarde os frutos mais preciosos, outros, como Neruda e Picasso, trabalham sempre às claras, fazem da obra o próprio rascunho e, desse modo, entregam ao público todas as suas hesitações, suas dúvidas, seus erros até. O que, no fim das contas, não deveria despertar surpresa, já que a arte e a poesia nada têm a ver com o medo de errar, ou com o bem-acabado, mas sim com o sobressalto e a inquietação.

A segunda superstição diz respeito às notórias posições políticas de Pablo Neruda, um comunista declarado e orgulhoso, que se elegeu senador em 1945 pelo Partido Comunista Chileno e chegou, depois, a se candidatar à presidência da república. É emblemático, ou pelo menos inquietante, que Neruda tenha morrido em 23 de setembro de 1973, doze dias depois do assassinato do presidente Salvador Allende e do golpe militar que derrubou seu governo socialista. Tal proximidade pode ser tomada como uma dolorosa metáfora do papel crucial que o poeta ocupa na consciência recente de seu país. "Não só foi Neruda um homem que produziu metáforas, graças às quais a América Latina se conheceu melhor a si mesma, mas a sua própria vida foi uma metáfora", escreveu a respeito do romancista chileno Antonio Skármeta — autor da novela *O carteiro e o poeta*, base do filme célebre. Continuou, na mesma ocasião, Skármeta: "Ele acompanhou o seu povo, e outros, nas suas mais intensas lutas políticas pela justiça, sem renunciar nessa atividade a toda a riqueza problemática do homem universal."

O engano é que, no entender de tais opositores, as posições políticas de Neruda indicariam, necessariamente, a existência de uma espécie de biombo poético, a poesia servindo apenas para encobrir intenções ideológicas, os versos usados só como armas, ou panfletos. Ideia que, a respeito de Pablo Neruda, um dos maiores poetas do continente, é, no mínimo, uma completa insensatez. A respeito dela e de sua fertilidade, que vai muito além dos aspectos ideológicos que eventualmente guarda, escreveu certa vez o crítico Horacio Salas: "Como num aluvião, as imagens se sucedem, as associações facilitam a liberdade expressiva e as palavras tomam uma nova, inédita acepção."

Pablo Neruda foi, com sua imaginação exuberante, um grande renovador da poesia. No prólogo de uma recente edição das *Odes elementares*, o insuspeito Juan José Saer, que é um dos mais importantes nomes da prosa experimental argentina, escreveu: "O mais provável é que seus detratores, julgando sem matizes as posições políticas do poeta, se tenham negado a refletir seriamente sobre sua poesia." Vinda de Saer, a avaliação toma um caráter forte, e até espantoso, quando não definitivo. "Que a obra de Neruda é uma das maiores do século XX, e não apenas no nosso idioma, é uma afirmação que, deixadas para trás as circunstâncias históricas, não deveria nos surpreender", Saer concluiu. O que surpreende é que, com a visão nublada pelos preconceitos ideológicos, muitos especialistas prestigiados e até isentos deixem de reconhecer isso.

Antes de fazer a pregação dessa ou daquela ideia, e sem fazer retórica ou proselitismo, a poesia de Pablo Neruda reforça nossa crença no caráter contundente das palavras. Em sua eficácia, em sua contundência sobre as questões humanas. As palavras guardam um poder devastador, já que governam nossas vidas e atos, e têm uma ascendência tão decisiva sobre nossa existência que, em geral, não suportamos admitir. Tal força já estaria ilustrada no nome do poeta, Pablo Neruda, na verdade um pseudônimo, que ele adotou precocemente, em outubro de 1920, aos 16 anos de idade, quando começou a publicar seus primeiros versos na imprensa chilena. Neftalí Ricardo Reyes Basoalto só trocaria seu nome em cartório para Pablo Neruda no ano de 1946, aos 42 anos de idade. A palavra terminou por se impor à vida real, fazendo do anônimo Reyes o célebre Neruda.

Tampouco podemos desprezar aquilo que o poeta foi apesar de si. Ainda que Neruda, muitas vezes, se definisse como um poeta engajado, cujos versos propagariam ideias, indignações, verdades éticas, em sua extraordinária poesia ele sempre escreveu guiado muito mais pela paixão que pela razão. "É um poeta mais próximo do sangue do que das tintas", disse a seu respeito o amigo Gabriel García Márquez. A visão radical que Neruda teve do mundo, com fantasias que beiravam muitas vezes o surrealismo e o fantástico, suas exacerbações líricas, seus arroubos e derramamentos sempre predominaram sobre o pragmatismo político do homem que definia a si mesmo como um escritor militante. Mais do que nesse ou naquele cânone ideológico, os poemas de Neruda induzem a crer, mais ainda, na força desgovernada e enfática dos sentimentos, no poder configurador das imagens, na potência de uma visão global, sem restrições, e mesmo cósmica do homem.

Depois, se Neruda foi, sem dúvida, um revolucionário, isso nunca o impediu de conservar os pés bem-fincados no chão. Numa importante entrevista que concedeu a Irineu Garcia, publicada no *Jornal do Brasil*, ele disse: "O fato de sermos revolucionários não quer dizer que tenhamos que ser românticos." Feita essa distinção, que em geral é matéria de mal-entendidos, fica mais fácil compreender por que, comunista militante, Neruda sempre se afastou, e até mesmo se contrapôs, à literatura "de partido", expressa, em sua forma mais radical, no "realismo socialista". Se tinha sempre a atenção voltada para as coisas concretas e reais — e isso está claríssimo em suas extraordinárias odes —, Pablo Neruda conservou, ao mesmo tempo, a atenção fixa no cosmos, debruçando-se sobre sua complexidade indecifrável e a impossibilidade de reduzir a existência humana a esse ou aquele fato transitório.

Num tempo em que a poesia é assunto para iniciados, ler Neruda vem reacender a crença em seu caráter sedutor e em seu poder de atingir as pessoas não só pela mente, mas pelos sentidos. O poeta Neruda trabalhava não só com leituras, referências eruditas, conhecimento, mas com emoções impetuosas e brutas, com sensações compartilhadas por qualquer um — não apenas pelo homem culto, ou pelo especialista. Em sua primeira "Ode ao livro", agarrando-se à vida e afirmando a superioridade dessa em relação à literatura, ele mesmo diz: "Livro, quando te fecho/ abro a vida". Ainda no mesmo, e genial, poema, Neruda vem afirmar: "meus poemas/ não comem outros poemas/ devoram/ apaixonados acontecimentos/ se nutrem da intempérie/ extraem alimento/ da terra e dos homens". Poucas vezes um poeta se definiu com tanta precisão.

Muitos acreditam que a poesia madura de Neruda só surgiu realmente com a publicação de *Residência na terra*, fabuloso livro que reúne poemas escritos entre 1925 e 1935. Uma poesia que aborda temas universais, como a ausência, a dor e a aflição. E que inclui a derrota, a queda, a falta, elementos extremamente humanos, e nada gloriosos. Poesia que lida, mais que com as ideias, com a história, como está no *Canto geral*: "se afogam os pés de minha pátria em tua sombra/ e uiva e agoniza a rosa triturada". Ler Neruda ajuda, de fato, a recompor nosso turbulento destino humano. E para nós, no continente sul-americano, vem auxiliar na sempre precária, senão impossível, formação de uma identidade. De resto, identidade bipartida, aliás como Antonio Skármeta já ressaltou a respeito do próprio Neruda: "Daí que em Neruda habitem muitos Nerudas, e que cada leitor encontre nele uma ou duas imagens com as quais prefere conviver."

Já no extraordinário *Vinte poemas de amor e uma canção desesperada*, seu segundo livro, publicado quando tinha apenas 20 anos, Neruda exibe quase todos os atributos que, na maturidade, dele fariam um poeta de primeira grandeza. "Neruda significa um homem novo na América", disse a seu respeito a poeta chilena Gabriela Mistral, que dele tirou, em 1945, o prêmio Nobel de literatura; honra que, mais tarde, em 1971, lhe seria enfim outorgada. Quando recebeu o Nobel, a amável Gabriela — que era quinze anos mais velha que Neruda, foi cônsul do Chile no Rio de Janeiro e chegou a viver uma temporada em Petrópolis — declarou, um tanto constrangida: "Se o prêmio Nobel queria honrar meu país, creio que deveria ter sido dado a Neruda, porque ele é o nosso maior artista." Provocador, Neruda, por sua vez, gostava de lembrar o que, em geral, se procura esquecer: que o Nobel foi criado pelo sueco Alfred Nobel, o inventor da dinamite, como uma forma de apaziguar sua consciência.

Em 1971, quando Neruda enfim recebeu o Nobel de literatura, o crítico Horacio Salas escreveu no suplemento literário do jornal argentino *Clarín*: "Ele decidiu tocar a realidade, nomear as coisas, descobrir o valor escondido e misterioso das palavras, valorizar o cotidiano e extrair de cada mínimo acontecimento o sumo dos elementos poéticos que o compõem." Tal visão ambiciosa do mundo sempre deu margem a contraditórias interpretações. Enquanto o crítico uruguaio Amado Alonso nele identificou "um certo hermetismo", o brasileiro Irineu Garcia, como se falasse de outra pessoa, certamente bem mais sensível, viu, ao contrário, "um processo poético de viver". De toda forma, ambos tinham, em parte, razão.

Há que considerar ainda que, como todo grande artista, Pablo Neruda jamais deixou de se metamorfosear, arrancando sempre a pele conhecida para expor, sob ela, outra ainda mais surpreendente. Os *Vinte poemas de amor e uma canção desesperada* pertencem a uma fase que, em geral, é definida como simbolista e neorromântica. A partir de *Terceira residência*, considerado comumente o livro-chave de sua obra, Neruda arranca de si fortes e inesperadas tendências expressionistas e até surrealistas, que irão perdurar, às vezes esmaecidas, outras intensificadas, até sua morte. Tal guinada, no caso de Neruda, não significa, contudo, desmerecimento, ou superação. Ele foi um grande poeta em cada momento de sua vida, e o argumento de uns poucos especialistas de que os *Vinte poemas de amor e uma canção desesperada* pertencem a uma fase juvenil, e até amadora, não só é improcedente, como é desprezível. E, novamente, evidencia um preconceito, uma dessas crendices esnobes que contaminam o mundo literário.

A poesia de Pablo Neruda (1904-1973) foi, desde o início, o resultado de uma visão romântica e lírica do mundo; e esses dois elementos, romantismo e lirismo, já atuam, intensamente, nesses *Vinte poemas de amor*. A mãe de Neruda, Rosa, morreu de tuberculose quando ele tinha apenas um mês de idade. Está enterrada no lugarejo de Parral, onde o poeta nasceu. Há versos seus que dizem: "Me levaram/ para ver entre as tumbas/ o sono da minha mãe/ E como nunca vi/ sua cara/ chamei-a entre os mortos, para vê-la". Ali, naquele chamado sem resposta, naquele silêncio ensurdecedor, começou uma renitente melancolia que Neruda, através dos versos, soube transformar, sem anulá-la, num lirismo arrebatador. E começou, provavelmente, sua poesia.

Essa ferida primitiva e, por certo, nunca cicatrizada ganhou nos versos não um anestésico, mas um modo agudo de expressão. A perda insubstituível ficou marcada pela cicatriz poética, sendo a literatura, como acontece com grandes escritores — pense-se em Kafka, em Pessoa, em Clarice, em Gombrowicz, em Conrad —, um substituto mal disfarçado da dor, uma dor fingida que, como disse Pessoa em verso que se tornou um clichê, o poeta deveras sente. Para o português Fernando Pessoa, a profusão de heterônimos com que ele assinou seus versos vinha sinalizar a multiplicidade de existências potenciais que o poeta carregou dentro de si, em tal estado de fragmentação que ele, atordoado, já não sabia dizer quem era. Para um poeta como o brasileiro João Cabral de Melo Neto, a poesia veio substituir — ou sinalizar — o fosso cavado entre a obsessão racional, do engenheiro e matemático que Cabral de alguma forma nunca deixou de ser, embora tenha sido diplomata de profissão, e o impulso lírico, a melancolia extrema, que ele refreava com grande angústia. Em Vinicius de Moraes, pode-se pensar ainda a propósito, a poesia veio substituir a mulher ideal, que ele buscou em todas as muitas mulheres que amou, sem nunca de fato encontrar, o que era mesmo impossível, já que ela não existe.

 Em Neruda, a ferida original foi a ausência da mãe. E, logo depois, a do pai. Numa palavra simples: a solidão. Dois anos após a morte de Rosa, o pai de Neruda, José, casou-se novamente, com Trinidad Marverde, mudando-se para Temuco e deixando o filho para trás. Pablo só foi se juntar a eles muitos anos mais tarde. Dois anos depois de perder a mãe, Neruda, de certo modo, perdeu também o pai. Duas privações tão precoces compõem o abismo sobre o qual a poesia, como uma corda de salvação mal amarrada no espírito, se ergueu. Em 1921, depois de passar alguns anos em Temuco, onde fora se juntar ao pai, Neruda mudou-se, enfim, para Santiago, para trabalhar como professor de francês. O poeta nascia ali, no momento em que ele decidiu fazer alguma coisa da solidão em que fora jogado.

 Pablo Neruda publicou seu primeiro poema, "Meu olhos", na revista *Corre Vuela*, quando tinha apenas 14 anos de idade. Logo passou a publicar poemas em outras revistas literárias. Como um jovem Pessoa – que naquele momento já era um homem maduro de 33 anos —, Neruda usou pseudônimos diversos que, no entanto, não chegam a configurar heterônimos. Tanto que apenas um desses pseudônimos sobreviveria, o de Pablo Neruda. Em 1922, graças à publicação de um poema na revista literária *Los Tiempos*, de Montevidéu, ele passou a ser conhecido fora do Chile. Seu destino, logo se evidenciou, era o mundo.

Seu primeiro livro, *Crepusculário*, é de 1923. Passou a publicar, também, crítica literária, assinando com o pseudônimo de Sachka. Alguns dos poemas publicados em 1923, na revista literária *Claridad*, de Santiago, onde suas críticas literárias também apareciam, iriam integrar, depois, os *Vinte poemas de amor e uma canção desesperada* — o "Poema XX", por exemplo, que, publicado antes em *Claridad*, se chamava "Tristeza a la orilla de la noche". A edição original dos *Vinte poemas de amor* é de 1924, com o selo da Editorial Nascimento, quando Neruda tinha ainda 20 anos incompletos. Em 20 de agosto do mesmo ano, Pablo Neruda publicou, no diário *La Nación*, uma carta em que explica seus livros e seu processo de criação. *Vinte poemas de amor*, acredita-se, é a obra poética mais lida nos países ibéricos ao longo do século XX. "É estranho que um livro que escrevi com tanta dor tenha servido para aproximar tantos apaixonados", ele observou anos depois. Não deixa de ser um livro de formação, e pode-se dizer até, de acordo com os que não o apreciam, que é um livro amador — amador pelo que guarda de violento e de essencial, em suma, de antiprofissional.

Vários dos poemas que hoje compõem o livro passaram por reparos operados pelo próprio Pablo Neruda, quase todos ao longo do ano de 1932. Ainda assim, eles conservam o frescor, o arrebatamento dos 20 anos de idade. E, sobretudo, a atitude lírica, que oscila entre o apaixonado e o dramático. Em 1960, num texto que mais tarde seria incluído no livro póstumo *Prólogos*, de 2000, o próprio Neruda se pôs a explicar o nascimento de seus *Vinte poemas de amor e uma canção desesperada*. Depois de lançar *Crepusculário*, seu livro de estreia, o jovem Neruda decidiu passar a escrever poemas "mais intensos e mais breves". Escrito numa enxurrada, já no verão de 1924, *Vinte poemas de amor* estava pronto. Infelizmente, todos os manuscritos originais se perderam.

Neruda escreveu seus poemas de amor às vezes em Santiago do Chile, outras nos bosques de Temuco, no sul do país, entre "as grandes chuvas frias, os rios e o selvagem litoral sulino". Ele explica que o porto e os embarcadouros que aparecem em alguns dos versos são os do pequeno Puerto Saavedra, na desembocadura do rio Imperial. Escreveu os poemas à mão e depois, para transcrevê-los à máquina, contou com a ajuda do poeta Augusto Winter, famoso por sua barba branca amarelada e sua paciência com os mais jovens. A primeira versão, por insistência de Neruda, foi feita em papel embrulho, de formato quadrado. Quis ainda que as bordas das páginas fossem denteadas e, para conseguir esse efeito, o resignado Winter fazia pressão com um serrote sobre o papel. A primeira edição dos *Vinte poemas de amor* conservou o formato quadrado imaginado por Neruda, o que foi, à época, uma pequena revolução gráfica.

"Fala-se com insistência de meu suposto repúdio a este livro", Neruda escreveu. "Deixo bem claro que não é somente falso tal rumor, como estes versos continuam tendo para mim um lugar luminoso dentro de minha obra." Muitos escritores costumam rejeitar e até proibir novas edições de suas obras de juventude, temendo expor aspectos frágeis e pueris. Não é, e nem faria sentido que fosse, o caso de Pablo Neruda. O lugar ocupado pelo livro em sua obra, Neruda prosseguiu, "está cheio de recordações e aromas, atravessados por lancinantes melancolias juvenis". Os *Vinte poemas de amor* reúnem versos escritos com posturas poéticas e atitudes existenciais muito diversas. O que alguns críticos preferem ver como um sinal de imaturidade é, na verdade, prova indiscutível da postura aberta e antidogmática que Neruda, ainda muito jovem, já ostentava em relação à poesia. Um gosto profundo pelo impuro, a poesia vista não como uma máscara impecável, mas como um universo contaminado pelas coisas humanas e, por isso, frágil e à deriva, oscilando para aqui e para ali, exatamente como se passa na existência de qualquer homem.

É, em consequência, da multiplicidade e da aparente inconstância de estilo que a poesia de Neruda, já nos *Vinte poemas de amor*, tira sua constância e sua identidade. Uma espécie de identidade da ruptura que, afinal, caracteriza a melhor produção artística do século XX. Em Neruda, se une a paixão pela experiência vanguardista, pelo experimento e pela novidade, que nunca o abandonou, ao interesse sempre enérgico pelos fatos da vida real e pelas cenas da vida social e política. A propósito dessa posição incerta, no prólogo a uma das mais recentes edições dos *Vinte poemas de amor*, Oscar Steimberg prefere citar o próprio Neruda, em um dos poemas contidos no livro: "Mariposa de sonho, te pareces com a minha alma/ e te pareces com a palavra melancolia". Também em outro poema célebre, "O pássaro Eu", Neruda vem explicar: "Me chamo pássaro Neruda/ ave de uma só pluma/ voador de sombra clara/ e de claridade confusa". E conclui seu autorretrato com linhas muito firmes: "Por isso volto e vou/ voo e não voo, mas canto:/ sou o pássaro furioso/ da tempestade tranquila". Assim, mais uma vez, se explicita a paixão de Neruda pelos impasses e pelos paradoxos.

Aos saltos, voando por entre os desvãos da realidade, posando aqui e ali e com esses sobrevoos alimentando seus sonhos e lhes emprestando consistência objetiva, Neruda nunca pôde esconder também o caráter melancólico de sua poesia, marca quase atordoante desses *Vinte poemas de amor*. E que é, em grande parte, resultado de seu impulso irrefreável para a paixão, deixando-se sempre arrastar por ela e, assim, não pertencendo de fato, a lugar, a escola, a estilo algum. É o próprio Neruda quem escreve, no poema 18: "Eu amo o que não tenho. E tu estás tão distante". Busca fadada ao fracasso, é ela, ainda assim, que movimenta não só a vida, mas a poesia. Daí a angústia do nunca ter, expressa no verso do poema 13: "Meu coração se fecha qual uma flor noturna". O movimento é belo, mas é inútil: "Ai, seguir o caminho que se afasta de tudo", está no poema 12. O aspecto melancólico se converte no sentimento da inutilidade da busca, ou, em outra maneira de dizer, no de estar para além dela. Lê-se no poema 8: "Sou o desesperado, a palavra sem eco/ o que tudo perdeu, o que já teve tudo".

É essa a qualidade do sonho, o esfumaçar-se e, em consequência, perder-se. E a paixão, Neruda não se cansava de dizer, é puro sonho, a engendrar, fertilizar o real. No fim, as mulheres que desejou ter sem ter geraram a semente de sua poesia. "De ti alçaram asas os pássaros do canto", está em "A canção desesperada". "Tudo em ti foi naufrágio", quer dizer, tudo o que existiu se perdeu — daí a urgência da poesia, que sempre o oprimiu, mas também estimulou. Está no poema 10: "Caiu-me o livro que sempre se escolhe ao crepúsculo,/ e como um cão ferido rolou-me aos pés a capa". Capa, máscara, ilusão — de que outro material Neruda fez seus poemas? Máscara verdadeira, que deixa suas costuras à mostra, como aquela ostentada por Fryderyk, o célebre personagem de Witold Gombrowicz. No entanto, ao exercitar a ilusão, inclusive a ilusão da paixão, foi que ele, como um homem desesperadamente apaixonado, pôde se aproximar ao máximo do mundo real e das mulheres reais.

Pablo Neruda teve uma existência inquieta, repleta de deslocamentos, de fugas, de enfrentamentos, de lutas. Para custear seu primeiro livro, *Crepusculário*, teve que vender os poucos móveis que tinha. E, mais doloroso, vendeu ainda um velho relógio que o pai lhe dera quando, em 1921, o poeta transferiu-se para Santiago do Chile para estudar. Um outro presente do pai, que trabalhou como chefe de estrada numa ferrovia, o poeta nunca abandonou: uma capa de chuva pesada e negra, que o pai ganhara da administração da ferrovia para se proteger durante as noites de tempestade e que, como não gostava de usar, deu para o filho. Neruda gostava de usá-la, completando a estranha indumentária com um sombreiro cordobense de abas largas. Na primeira vez em que o viu metido nesses trajes estranhos, o escritor brasileiro Rubem Braga, indiferente ao exotismo superficial, o descreveu "alto, magro, moreno, calado, apaixonado, faminto e triste". Dentro da capa negra, havia um homem muito mais admirável.

Foi Braga, aliás, quem, numa radiografia exemplar dos *Vinte poemas de amor*, explicou em crônica famosa que dois amores geraram os poemas do livro: Terusa, uma adolescente que ele deixara em Temuco, e Rosaura, uma jovem que ele conheceu em Santiago. O cronista explica que Rosaura inspirou os poemas 1, 2, 5, 11, 13, 14, 15, 17 e 18, ficando os outros por conta de Terusa. "Rosaura é a do corpo de mulher, brancas colinas, coxas brancas", Braga detalhou. "A outra, Terusa, é a de boina cinza em cujos olhos lutavam as chamas do crepúsculo." Chaves que, se ajudam o leitor a ligar os versos à vida amorosa de Neruda, são dispensáveis para uma leitura profunda.

Depois, a diplomacia carregou Neruda pelo mundo. Em 1927, ele foi nomeado cônsul honorário em Rangum, na Birmânia. No ano seguinte, tornou-se cônsul em Colombo, no Ceilão, hoje Sri Lanka. Em 1930, cônsul em Batávia, Java, mesmo ano em que se casou com Maria Antonieta Vogelzanz. Em 1932, depois de servir ainda como cônsul em Singapura, retornou ao Chile. Fez então a revisão dos poemas que, já com a nova forma, comporiam a definitiva segunda edição dos *Vinte poemas de amor e uma canção desesperada*. Em 1933, o livro foi publicado pela Editorial Tor, de Buenos Aires. Pouco depois, Neruda desembarcou na capital argentina, como cônsul do Chile, e lá conheceu Federico García Lorca. Tornava-se, no rasto da segunda edição dos *Vinte poemas de amor*, um poeta internacional.

Mas logo voltou a viajar. Em 1934, tornou-se cônsul em Barcelona e, no ano seguinte, em Madri. Em 1936, pouco antes do início da Guerra Civil Espanhola e do assassinato de García Lorca, seus *Vinte poemas de amor* foram publicados na Espanha. Perdeu o posto de cônsul, mudou-se para Paris e separou-se de Maria Antonieta. Em 1937, regressou novamente ao Chile, mas, dois anos depois, partiu para Paris, dessa vez como cônsul para a emigração espanhola. Neruda retornou ao Chile, mais uma vez, em 1940, ano em que, já inteiramente consagrados em todo o planeta, os *Vinte poemas de amor e uma canção desesperada* ganharam uma edição em esperanto. No mesmo ano, o poeta começou a escrever outro de seus livros mais conhecidos, o *Canto geral*.

No fim de 1940, a diplomacia o levou para a Cidade do México. Dois anos depois, perdia a filha Malva Marina. Em 1943, *Canto geral* — ainda *Canto geral do Chile* — teve uma edição fora de comércio. O poeta retornou, então, mais uma vez, e de modo mais definitivo, a Santiago. Em 1945, Pablo Neruda ingressou no Partido Comunista do Chile e se elegeu senador da República. Fez uma visita ao Brasil, participando, no estádio do Pacaembu, em São Paulo, de um comício para 100 mil pessoas em homenagem a Luís Carlos Prestes. No Rio, na Academia Brasileira de Letras, foi saudado por Manuel Bandeira. Aproximou-se então de Vinicius de Moraes, numa amizade inspirada nas profundas semelhanças entre os dois poetas. Escreveu, ainda, *Alturas de Macchu-Picchu*.

Em 1946, enfim, saiu a primeira edição brasileira dos *Vinte poemas de amor e uma canção desesperada*. Foi o ano, ainda, em que conheceu Matilde Urrutia. Em dezembro, por fim, trocou seu nome legalmente em cartório para Pablo Neruda. A crítica considera que seu momento de plena maturidade poética é marcado pelo lançamento, em 1947, pela Editorial Losada, de *Terceira residência*, livro que agrupa vários outros anteriores, como *As fúrias e as penas* e *Espanha no coração*. Em 5 de fevereiro de 1948, o Tribunal de Justiça ordena sua prisão, mas ele permaneceu no Chile, oculto, escrevendo o *Canto geral*. Vinte dias depois, fugiu de seu país através dos Andes. Ainda nesse ano, Neruda fez sua primeira viagem à União Soviética. Depois, foi viver na Itália, numa temporada que inspirou o livro de Antonio Skármeta, *O carteiro e o poeta*. Em agosto de 1952, revogada, mais de três anos depois da ordem de sua prisão, retornou, por fim, a Santiago do Chile. Em 1953, recebeu o Prêmio Stalin da Paz.

Em 1954, ao completar 50 anos de idade, Pablo Neruda publicou suas *Odes elementares*. Concluiu, na mesma época, a construção de sua casa La Chascona, em Santiago, e nela foi viver com Matilde Urrutia. Em 1957, saíram suas *Obras completas*, pela Editorial Losada. Em 1961, publicou-se o milionésimo exemplar dos *Vinte poemas de amor e uma canção desesperada*. Em 1969, o poeta foi designado pré-candidato à presidência da república pelo Partido Comunista. Renunciou meses depois à candidatura, no momento em que os partidos de esquerda, numa decisão inspirada, se uniram em torno do nome de Salvador Allende. Em 1971, se tornou embaixador do Chile na França. Em fevereiro de 1973, aproveitando uma visita que Allende faz a sua casa, na cidade de Isla Negra, renunciou ao cargo. Deixou de ser embaixador para se tornar grande amigo de Allende. Passam a trocar longa correspondência.

Em Isla Negra, Neruda construiu uma casa bem diante do Pacífico, a qual, depois de sua morte, foi transformada em um museu, da mesma forma que La Chascona. Neruda teve, ainda, uma terceira casa, La Sebastiana, no bairro de Cerro Florida, em Valparaiso, norte do Chile. Sobre a casa de Isla Negra, a mais célebre das três, ele escreveu: "A casa... Não sei quando me nasceu." É a sensação de eternidade que ela perpetua. Isla Negra — que é uma pequena cidade litorânea, não uma ilha — fica no balneário de El Quisco, a duas horas de Santiago do Chile. Em sua cama na Isla Negra, Neruda agonizou, sendo levado, enfim, para uma clínica em Santiago, onde morreu. A casa está adornada por bizarros objetos, que o poeta sempre gostou de colecionar, como garrafas, conchas, máscaras, barcos. Objetos simples, que falam das coisas simples e frágeis do mundo, das paixões e obsessões humanas, exatamente como a poesia de Pablo Neruda. Miudezas, não grandezas, de que ele tirou sua mística e que dele fizeram um grande poeta.

(Pablo Neruda, conferência na Livraria FNAC, em São Paulo, por ocasião do lançamento do CD *20 poemas de amor y una canción desesperada — Pablo Neruda por él mismo*, reeditado pelo selo Fiesta no centenário do poeta)

TRINTA E QUATRO | A LAVOURA DE SI

Raduan Nassar escreveu *Lavoura arcaica*, romance lançado em 1975 pela José Olympio, em apenas cinco meses. Trabalhou em estado de frenesi, doze horas por dia, fugindo não só das aflições provocadas pelo desemprego, mas também, e ainda, do luto nunca esgotado pela perda da mãe, Chafika, falecida em 1971.

   Escrito em grande desassossego, com uma impaciência — e, em consequência, uma entrega — rara na literatura brasileira contemporânea, *Lavoura arcaica* não deixa de ser, também, um desabafo, um livro movido pela indignação, pela repulsa, pela aversão. Luta feroz contra a família e seus laços petrificados, mas também contra a religião e a imobilidade de seus dogmas. Um livro escrito, portanto, contra as ideias fixas e que, por isso, depois de três décadas, em nosso mundo cada vez mais dogmatizado, se torna ainda mais atual.

"Eu berrava e soluçava dentro de mim, sabendo que atirava numa suprema aventura ao chão, descarnando as palmas, o jarro da minha velha identidade elaborado com o barro das minhas próprias mãos", o narrador, André, um homem em estado de dolorosa metamorfose, diz em dado momento do sétimo capítulo. Com isso, ele sintetiza a agonia que perpassa, que rege a escrita de Raduan Nassar.

Apesar do tom rebelde, o livro recebeu, em 1976, e graças à influência do escritor católico Alceu Amoroso Lima, que presidia a comissão julgadora, o prêmio da Academia Brasileira de Letras. Mereceu, ainda, o Jabuti, da Câmara Brasileira do Livro, e uma menção honrosa da prestigiada Associação Paulista de Críticos de Arte. Mas será que esses prêmios dão conta, de fato, da radicalidade do romance de Raduan Nassar? Será que premiar é, sempre, entender?

"Onde eu tinha a cabeça?", o narrador André se pergunta, perplexo com os pensamentos que o atravessam e que são a matéria-prima do livro. *Lavoura arcaica* é, de fato, um romance embriagado — isto é, com a cabeça fora do lugar —, ou, pelo menos, um livro que reproduz a excitação da embriaguez. O relato de um êxtase, feito em jorro, como um vômito, no qual André expele suas feridas mais repulsivas. Desabafo contra o bem viver e seus rituais de costumes estáveis e restrições. Bem viver sob o qual o homem verdadeiro, que é sangue e instabilidade, simplesmente desaparece.

Em um redemoinho de pensamentos, André recorda sua vida, a desestruturação da família, a relação incestuosa com a irmã, Ana, a fuga de casa, que, se o salvou, num resultado inesperado, o devolveu à família também. Por que ele fugiu? O pai sentava-se à mesa e obrigava os filhos a ouvirem seus duros sermões. "Que rostos mais coalhados, nossos rostos adolescentes em volta daquela mesa", André descreve, "o pai à cabeceira, o relógio de parede às suas costas, cada palavra sua ponderada pelo pêndulo." A fala de André, o filho desgarrado, ao contrário, é presidida pelo imponderável — por aquilo que não se pode pesar, que não suporta uma medida, aquilo que o mundo das regras não pode conter. Os sermões do pai acentuam sua ânsia de liberdade. Da rigidez das palavras, numa inversão, surge o tufão.

Na fala do pai, as referências bíblicas fornecem o lastro, enfatizando a ligação entre a forma familiar e o dogmatismo religioso. São pensamentos simples, mas tenebrosos: "Ai daquele que brinca com fogo, terá as mãos cheias de cinza", ou "ai daquele que se deixa arrastar pelo calor de tanta chama." Fisgada pela escrita de Raduan, essa fala cerimoniosa, mas cruel, se deixa expor em todo o seu escândalo. É a fala da ordem, que produz, em vez de vida, asfixia. A fala da morte.

"O pai, ao ler, não perdia nunca a solenidade", o narrador rememora. Quer dizer: permanecia preso à ênfase, à certeza e à arrogância. André foge de casa para escapar da sufocação que essa fala pétrea estabelece. O estado de claustrofobia, que oprime, mas, ao mesmo tempo, leva o narrador a falar, é um pouco o estado de pressão psicológica, de abafação, que caracteriza a avara literatura de Raduan. Palavras, poucas palavras, concentradas em intensidade máxima. Um pequeno ro de cerca de 190 páginas que, apesar disso, parece nunca terminar.

Disso se conclui que *Lavoura arcaica* é um romance sobre o tempo. "O tempo, o tempo é versátil, o tempo faz diabruras, o tempo brincava comigo", André diz. "O tempo se espreguiçava provocadoramente, era um tempo só de esperas, me guardando na casa velha por dias inteiros." Mais que o tempo: sobre a imobilidade (o vácuo), na qual o tempo se torna uma gosma que, em vez de nos fazer avançar, nos retém. "O tempo, o tempo, esse algoz às vezes suave, às vezes mais terrível, demônio absoluto conferindo qualidade a todas as coisas", André diz. O tempo, que faz a máscara rosada dos bebês e a face sensual das mulheres, mas também o molde enrugado dos velhos e o rosto gelado dos mortos.

Ana, a irmã, é também fisgada em uma fenda do tempo. "Foi este o instante: ela transpôs a soleira, me contornando pelo lado como se contornasse um lenho erguido à sua frente, impassível, seco, altamente inflamável", André rememora. Quebrado, o tempo revela o impossível. Depois, André consegue dizer ao irmão, Pedro: "Era Ana, era Ana, Pedro, era Ana a minha fome." Nessa rachadura, em que a perfeição da família, sua estabilidade e coesão se partem, se estilhaçam, desponta a rebeldia. "Deitado na palha, nu como vim ao mundo, eu conheci a paz", ele diz. O Eu, com sua força insólita, surge (é soprado) da pedra. Nada mais bíblico — embora não seja da Bíblia que se trate.

Quando enfim retorna à casa, André reencontra um pai que, apesar de tudo, se vê obrigado a saldá-lo. Que, mesmo com repulsa, o quer de volta. "Abençoado o dia da tua volta! Nossa casa agonizava, meu filho, mas agora já se enche de novo de alegria." A rebeldia, na ausência que deixa atrás de si, se revela alegria. Tudo muda e nada muda. "Na entrada da copa, parei: cioso das mudanças, marcando o silêncio com rigor, estava ali o nosso antigo relógio de parede trabalhando criteriosamente cada instante", André relata. Um relógio não muda — por mais que mude o mundo, um relógio continua, só, a avançar. Também o pai, ao ouvir o filho que voltou, se perturba. "Você diz coisas estranhas, meu filho. Ninguém deve desesperar-se, muitas vezes é só uma questão de paciência."

O filho lhe conta, então, a história de um faminto que, sem ter como matar a própria fome, dobra o corpo sobre si mesmo para morder a ponta dos pés. Com os pés cheios de feridas, ele passa a odiar o mundo. Mas é assim que sobrevive. Esse homem é André.

Um homem que não se arrepende do que sofreu, embora odeie o que sofreu; que não se arrepende do que fez, de sua fuga, embora volte para casa um dia. "Toda ordem traz uma semente de desordem, a clareza, uma semente de obscuridade", ele diz.

É nesse fio perigoso, entre a desordem absoluta e a ordem secreta que a sustenta, que Raduan Nassar escreve. Assim escreveu *Lavoura arcaica*, e, por isso, o livro, embora não dê solução a nada e só perturbe tudo o que temos, engrandece o que temos. Função da literatura: descortinar novas maneiras de ver o mundo. Outra função: desestabilizar, desarranjar, desassossegar. Raduan Nassar as persegue e as cumpre, uma a uma. Leva sua luta até o fim.

Em uma "Nota do autor", que ele escreveu ainda para a primeira edição, de 1975, ele nos fornece uma chave de seu livro: "Na elaboração deste romance, o autor partiu da remota parábola do filho pródigo, invertendo-a", explica. Romance, neste sentido, antibíblico — já que o filho pródigo, se termina por voltar à casa, não é porque cedeu aos apelos do pai, ou às promessas de paz. "Quero te entender, meu filho, mas já não entendo nada", o pai lhe diz. Ao que o rapaz responde: "Misturo coisas quando falo, não desconheço esses desvios, são as palavras que me empurram, mas estou lúcido."

Também Raduan Nassar parece ser um escritor empurrado — açoitado mesmo — pelas palavras. Suas e dos outros. Escrupuloso, na mesma nota, ele faz questão de apontar, ainda, alguns enxertos de frases, ou versos, que tomou emprestados de grandes escritores. Reflexos do grande leitor no grande escritor. São eles Thomas Mann, Novalis, Walt Whitman, Jorge de Lima, André Gide e Almeida Faria — nomes que desenham, na verdade, uma descendência. Nada desprezível, aliás. A advertência nem assim ajuda a explicar o romance. "Se sou confuso, se evito ser mais claro, pai, é que não quero criar mais confusão", o filho diz. Eis a estratégia literária de Raduan: em vez de simplificar para, na ilusão do entendimento, apenas esconder, em vez disso, ater-se à dificuldade das palavras, a sua impotência, revelar o quanto do mundo sempre lhe escapa.

Raduan Nassar escreveu pouquíssimo depois de *Lavoura arcaica*. O livro seguinte, *Um copo de cólera*, de 1978, tem apenas cerca de 80 páginas, dentro das quais, num estilo elétrico, ele desvela uma relação de amor. *Menina a caminho*, reunião de cinco relatos brevíssimos, de 1994, não chega ao todo a 85 páginas também. E, depois dessas mais de 360 páginas, Raduan optou pelo silêncio — silêncio que, de certa forma, é ainda mais perturbador do que os três livros que escreveu.

O segredo de Raduan parece estar na avareza — ainda que, no extremo, ela o conduza à desistência e ao silêncio. Cada frase, cada ideia, cada palavra atinge tal intensidade que, para suportá-las, o leitor precisa conter sua avidez. Precisa ler com delicadeza e parcimônia — como se lesse um poema. Grandes escritores — pensemos em um Machado, em um Eça, em um Thomas Mann — escreveram e atingiram estados de grande elevação agindo por acumulação. Em Raduan, ao contrário, como ocorre em uma sala inteiramente vedada, é do pouco, do quase nada que aparece o choque.

Em *Lavoura arcaica*, é na relação incestuosa com a irmã, Ana (nome que, em árabe, corresponde ao pronome Eu), que André explode seus laços com a família. Nesse aspecto, ele nos faz lembrar *Teorema*, o clássico desaparecido do cineasta italiano Píer Paolo Pasolini. Filme em que a chegada de um visitante inesperado desestrutura a vida de uma família burguesa. O jovem desconhecido tem relação sexuais com a empregada Emilia, com o filho Pedro, com a mãe Lucia, com a filha Odete e, por fim, com o próprio pai, o industrial Massimo. Depois se vai — mas o que fez, ou levou a família a fazer, ficará ali para sempre.

Também a partida de André, mesmo antes de acontecer, já convulsiona a família. Desastre que o narrador anuncia em uma confidência ao irmão: "Não tinha ainda abandonado a nossa casa, Pedro, mas os olhos da mãe já suspeitavam a minha partida." *Teorema* é de 1968, sete anos antes do lançamento do livro de Raduan. Não é um exagero especular: teria Raduan Nassar visto o filme de Pasolini? Mais uma coincidência inquietante: nascido em 1922, Pasolini foi assassinado no final de 1975, o ano em que *Lavoura arcaica* chegou às livrarias. Talvez sejam apenas coincidências, nada mais. Sinais, ainda assim, de uma década feroz, a dos 1970, quando a arte e a literatura não mediam esforços para emparelhar com a vida.

(Raduan Nassar, *Rascunho*)

TRINTA E CINCO | SENTINELA DA MEMÓRIA

SOMOS ASSALTADOS, NO DIA A DIA, POR MEMÓRIAS INVOLUNTÁRIAS E imprevisíveis, que emergem na mente como peixes saltando do fundo do mar. Um rosto enigmático que vimos no metrô, uma xícara de café esquecida sobre uma mesa, duas ou três palavras entreouvidas em uma esquina. Essas lembranças, súbitas e inúteis, logo depois se afogam no esquecimento. Ao contrário da maioria de nós, que simplesmente as desprezamos, o médico e escritor Pedro Nava (1903-1984) lhes atribuía um valor especial. Essas pequenas, mas inesquecíveis lembranças retornam às mãos do leitor com a reedição, pela Companhia das Letras, de seus dois primeiros livros: *Baú de ossos*, de 1972, e *Balão cativo*, de 1973. Quarenta anos depois, as memórias de Nava permanecem vivas e cheias de frescor.

Imitando os soldados que se perfilam em uma fronteira a fim de guardá-la, também Nava esteve sempre a vigiar a aparição repentina dessas lembranças contrárias à vontade, de aparência desconexa e imprestável, mas a que atribuiu especial valor. A partir delas, construiu uma obra monumental, iniciada no ano de 1968, aos 65 anos de idade, no silêncio de sua biblioteca na rua da Glória, Rio de Janeiro. Depois de *Baú de ossos* e *Balão cativo*, vieram *Chão de ferro*, de 1976, *Beira-mar*, de 1978, *Galo das trevas*, de 1981, e *O círio perfeito*, de 1983. Ainda hoje, quase três décadas depois de seu enigmático suicídio com um tiro na cabeça, em 13 de maio de 1984, os estudiosos se debatem em busca de um gênero literário que defina seus livros. Autobiografia? História? Diário íntimo? Romance autobiográfico? Memórias? As respostas oferecidas por esses leitores não combinam entre si. Nas narrativas de Pedro Nava, a vida pessoal é só um caso particular e exemplar do grande mundo social. O Eu não está no palco, mas na plateia. Sua presença, contudo, se revela a cada página, através dos sentimentos e da sutileza com que observa a cena. Em *Balão cativo*, Nava fala de sua visão do passado, sintetizando sua estética: "O passado não é ordenado, nem imóvel — pode vir em imagens sucessivas, mas sua verdadeira força reside na simultaneidade e na multiplicidade das visagens que se dispõem, se desarranjam, combinam-se umas às outras e logo se repelem, construindo não um passado, mas vários passados." A memória, em consequência, não é o retrato solene de um passado fixo, mas um campo de luta ardente entre vários passados.

Nenhum narcisismo: a obra de Nava é regida por um Eu brando, senão fugidio, que se esquiva diante das vidas alheias e que se oferece a serviço delas. A originalidade de Nava começa aí: escreveu memórias não para falar de si, mas dos outros. Para fazer um retrato minucioso do Brasil e de sua cultura. Para falar de tempos que se foram. Em seus livros, Nava se coloca sempre na posição de coadjuvante. Um homem a serviço de suas próprias lembranças — e aqui não interessa saber se lembranças verdadeiras ou imaginadas.

Entre elas, esquivo, tímido, o escritor se perfila. Em *Balão cativo*, por exemplo, ao rememorar a figura de seu tio Salles, o escritor revela, sem desejar, um tanto de si. Na pensão em que morava, a Haddock Lobo, o tio transformava os hóspedes em personagens da literatura portuguesa, de que foi admirador. "Mas nem só de literatura portuguesa eram construídos os personagens que tio Salles descobria na pensão. O elemento nacional representava-se por gente de Machado de Assis, Aluísio Azevedo, Lima Barreto, Xavier Marques." A memória, portanto, não é só a matéria-prima da literatura. Em movimento inverso, a literatura a penetra para torná-la mais nítida, para enriquecê-la. Eis a assinatura discreta, mas valiosa, de Nava.

Nessas narrativas se misturam as histórias do Rio e de Minas, as lembranças da vida de estudante, os bastidores da medicina, a vida boêmia e, em especial, o amor pela literatura. São relatos carregados de sentimentos e intuição, nos quais Nava se reserva o papel de um sutil observador das coisas. Em *Balão cativo*, rememorando os tempos de estudo no Colégio Pedro II, no Rio de Janeiro, por exemplo, ele usa a descrição minuciosa e sutil do ambiente e da paisagem para dar vida ao passado. Lembrando os jardins dos dois barracões destinados aos menores, descreve com a firmeza de um pintor: "Tinha tudo quanto é folhagem rajada de vermelho e negro, de verde e amarelo, róseo e sinopla. As palmas ornamentais. A fonte de cimento fingindo gruta de pedras com seu fio-d'água e sua coroa de eglantinas." A memória pessoal aviva o mundo objetivo; torna-o não só mais visível, mas mais apaixonante. É nesse sentido que ela o recria: não para mentir, mas para o ampliar.

Em *Baú de ossos*, ao se concentrar nas lembranças da infância e de seus ancestrais, Nava traça um forte panorama do Brasil na virada do século XIX para o XX. Já em *Balão cativo*, ele se concentra no período imediatamente posterior à morte do pai, quando tinha apenas 8 anos de idade, e trata ainda de sua adolescência em Minas — momento de descoberta da literatura. Nos dois livros, à frente dos grandes acontecimentos da história oficial, destacam-se o trato dos costumes, a história dos sentimentos e, mais ainda, o roteiro turbulento de uma formação.

Neles, um Eu esquivo e brando se oferece, assim, como sentinela para vigiar e guardar lembranças que, sem essa vigilância e esses cuidados, se perderiam para sempre. Nascido em junho de 1903 e morto em 1984, Pedro Nava atravessou quase todo o século XX brasileiro. A beleza de seus relatos provém justamente disso: a memória — porque é involuntária e afetiva — está sempre atravessada pelo olhar pessoal. Os sentimentos empacotam os fatos — como belos embrulhos que valorizam os pequenos presentes. "Aquela brisa do Vale do Paraibuna trouxe uma nuvem de pólen de Registro de Matias Barbosa, outra de Santo Antonio da Boiana", descreve, com pose de artista figurativo, em *Baú de ossos*. A figuração, uma de suas marcas, vem mesclada com as sensações. Os elementos da natureza, por exemplo, são transpassados por um sopro humano. Recordando a vida em Paraibuna, cidade do sudeste de São Paulo, Nava escreve: "O rio era tortuoso, barrento, águas propícias ao afogamento de meninos, aos suicídios das moças seduzidas e das escravas judiadas do visconde de Monte Mário." Pedro Nava não imita os historiadores que, depois de se debruçarem anos a fio sobre estudos acadêmicos, documentos, correspondência, formulam versões da história que se pretendem objetivas. Ao contrário, é o autor deliberado de uma história subjetiva. O que é muito diferente de história pessoal. Não fala quase nada do que vive — mas do modo como sentiu o que os outros viveram. Observador atento, ele se colocou sempre à borda dos acontecimentos, como se quisesse se esconder atrás de uma cortina, ou tornar-se invisível. Seu processo de pesquisa — se é que a palavra é mesmo essa — não se baseia na leitura minuciosa de documentos, ou nos depoimentos ao estilo policial, mas na captura de clarões. Relâmpagos de memória, súbitas imagens, carregadas de afeto, que emergem do passado e que essa sentinela, sensível e gentil, sabia acolher e, com extremo zelo, guardar.

Que tenha se especializado em anatomia humana é, no fim, bastante sugestivo: Nava está sempre a cortar, separar e suturar os pedaços de vida que a lembrança — sua e alheia — lhe traz de volta. Mais ainda: como médico competente, e através do fluido benévolo dos sentimentos, dedica-se a curar um pouco essas antigas feridas. Leitor atento de Freud, ele sabia que o passado deixa marcas que não se apagam. Ainda mais: que o passado se infiltra e reorganiza o presente — que o passado é também presente. "Minha medicina é sempre figurativa e nunca abstrata", disse certa vez, e a ideia de uma estética figurativa se aplica também à sua obra literária.

Leitor de Proust, e se referindo ao célebre "episódio da madeleine" de *Em busca do tempo perdido*, Nava gostava de dizer que os livros são "madeleines-gatilhos", que trazem o passado de volta. A referência a um pequeno doce em forma de concha que irrompe subitamente na memória de Proust se oferece como síntese — senão método — para a obra de Pedro Nava. Ele a repete em *Baú de ossos*, quando rememora o sabor da rapadura de sua infância, "com uma doçura imperiosa e profunda". Chega a conclusões peremptórias: "Só se pode fazer melado com rapadura. Só com ele, se tempera café forte e autêntico."

Em Nava, a memória é mais que a reconstrução de um mundo perdido: ela é produtora de sentido. Ao misturar grandes e pequenas histórias, personagens célebres com sujeitos anônimos, ele empresta um sentido coletivo às existências individuais. Ajuda, assim, de um modo muito singular, emotivo, caloroso, a recompor as páginas — frequentemente áridas — da história oficial. A memória, no seu caso, é também força instigadora da imaginação. Relata em *Baú de ossos*: "Não preciso recriar o sobrado de Joaquim Feijó de Melo porque este eu conheci. Basta recordar." A memória, portanto, é impura: não passa de uma mistura de recordação e recriação. Nava tinha, por fim, consciência de seus limites. Diz: "Com a mão paciente vamos compondo o puzzle de uma paisagem que é impossível completar." Em outras palavras: a memória não tranca e fecha a vida; ao contrário, ela a abre para o gozo da eternidade.

(Pedro Nava, "Prosa & Verso", *O Globo*)

TRINTA E SEIS | O SOL ENTRE AS ESTRELAS

Euclides da Cunha não foi um simples retratista das superfícies. Teve sempre, ao contrário, consciência da natureza dupla do mundo. A vida concreta é como um casaco: nós só o vemos e lhe damos esse nome porque um avesso o sustenta. Ele exercita essa visão duplicada do mundo em *Contrastes e confrontos do Brasil*, única coletânea de ensaios que publicou em vida, dois anos antes de morrer.

É sempre difícil distinguir a realidade — esse sistema de convenções que compartilhamos e a que atribuímos o status de verdade — do real — tudo aquilo que esse mesmo sistema recalca, disfarça, renega. Euclides é, sem dúvida, um autor realista. Volta-se para temas duros, como a guerra, a política e a história.

Nas entrelinhas do analista metódico, contudo, grossos nacos do real emergem e tomam a frente da cena. A realidade é aquele suculento filé-mignon que, temperado no alho e no vinho, nos espera para o jantar. Já o real é aquele pedaço de um boi morto, arrancado à base de violência e que ainda cheira a sangue, que guardamos para satisfazer nossos instintos. É do confronto entre os dois que Euclides desenvolve suas ideias.

Sua obra me faz lembrar a pintura de Ticiano Vecellio, o genial pintor do século XVI. Seus grandes quadros — quase sempre retratos da nobreza — foram encomendas da corte de Veneza. Para agradar seus mecenas, pintou retratos magníficos de requintadas senhoras, homens garbosos e crianças encantadoras. Foi, sem dúvida, um realista — alguém que se dedicou a capturar a realidade.

No entanto, se observamos bem as telas de Ticiano, por entre as cores reluzentes da realidade, emergem grossas veias do real. A pele murcha do solene doge Francesco Venier expõe, de modo cruel, sua personalidade mórbida. O olhar aflito do jovem Ranuccio Farnese desmente seu esplendor juvenil. No retrato pomposo de Eleonora Rovere, as mãos encurvadas evocam garras. Brechas sutis se abrem nos retratos, expondo, sem que os homenageados percebessem, defeitos, horrores, vícios. Certos de que Ticiano só retratava o Bem, seus contemporâneos o chamavam de "o sol entre as estrelas". Sem perceber, falavam desses ardentes flashes do real que, nas ranhuras de suas telas, ele desvendava.

Também Euclides deixa entrever, nos ensaios de *Contrastes e confrontos do Brasil*, oposições chocantes em que o real, que é inconveniente e perturbador, se revela. Empenhado em contemplar os grandes temas de seu tempo, ele não se furta, porém, a manusear os contrastes e os confrontos que, desviando-se da norma e da ordem, tumultuam e deformam essa realidade.

É assim quando, em "Heróis e bandidos", faz a genealogia dos caudilhos, apontando para sua ambígua natureza. Empenhado em capturar a personalidade do Marechal Floriano Peixoto, em "O Marechal de Ferro", não poupa palavras ao dizer que Floriano "traduz de modo admirável, ao invés de nossa robustez, a nossa fraqueza". É com a mesma franqueza que ele percebe, na Alemanha poderosa e viril de Bismarck, uma "imaginação ardente e vaidade feminil".

Em "A vida das estátuas", análise de uma estátua do Marechal Ney, Euclides, mais uma vez, racha a casca da verdade. Contrariando a pose clássica dos conquistadores, o marechal mal se equilibra sobre uma das pernas, diz. A farda está desabotoada, os olhos "se dilatam exageradamente e exageradissimamente a boca se abre num grito de triunfo". A imagem poderosa, em consequência, está destruída.

Os críticos solenes, ele lamenta, não compreendem "aquela nevrose, aquela violência, aquela epilepsia heroica no isolamento de um pedestal". Elas lhes parecem inconvenientes e até desabonadoras. Não suportam a simultaneidade do Bem e do Mal, que produz não só a surpresa, mas até o grotesco. Contra essa postura, Euclides fisga o homem, no que ele é e no que ele — apesar de crer que não é — é também.

Em um retrato do diplomata Alexandre de Gusmão, que chegou a frequentar o palácio do papa Inocêncio XIII, o escritor não se detém na imagem garbosa. "O que dele nos impressiona é o contraste de uma individualidade original e forte e a decrepitude do meio em que ela agiu", diz. Em uma palavra: Euclides sabe que a força de uma imagem não está na estabilidade, mas na tensão. E é a isso, ao trepidar forte dos contrastes e à agitação vital, não à serenidade do mármore e à firmeza da pedra, que chamamos de vida.

Também quando pensa o Brasil e, em particular, a tragédia da seca, Euclides da Cunha se retém nos paradoxos. Nas regiões do semiárido, as populações vegetam; enquanto isso, porém, nas regiões em que o solo é fértil, os homens "atacam-no ferozmente, a ferro e fogo, nas derribadas e nas queimadas, e vão fazendo o deserto". Não podemos atribuir todo o Mal à natureza; também à ação do homem culto e rico se devem o descaso e a destruição.

Ao compor um retrato da grande Rússia, Euclides — contra tudo o que nos encanta na terra de Tolstoi e de Dostoievski — sintetiza: "A Rússia é bárbara." Compõe, então, o retrato amargo de um país que desprezou o Renascimento e que, com isso, nos diz, abandonou a originalidade de pensar e de sentir, preferindo a imitação e a cópia. Sem ceder à força das aparências, ele vê a Rússia dividida entre a grandeza de seus pensadores e artistas e a miséria invisível dos czares.

Em uma viagem pelo Peru, deslumbra-se com as ruínas de Pachacamac, com os santuários talhados na rocha viva de Ollantaytambo, com os aquedutos erguidos sobre os Andes gelados. Mas não separa essa grandeza da indigência dos caudilhos que, presos ao parasitismo, ao desapego às tradições e à falta de solidariedade, veem o passado não como uma herança, mas um despojo. Seu símbolo, diz Euclides, é Huamachuco, cidade construída pelos conquistadores com blocos arrancados dos templos incas. O presente não supera o passado, apenas o devora.

(Euclides da Cunha, "Prosa & Verso", *O Globo*)

TRINTA E SETE | A ATRAÇÃO DA POESIA

Nosso século se divide entre duas grandes vozes: de um lado, a voz severa da ciência, de outro, a voz elevada da religião. Em laboratórios, centros de pesquisa, universidades, a ciência — e seu principal fruto, a técnica — avança em ritmo veloz. As novas descobertas envelhecem precocemente, enquanto a técnica se expande de modo atordoante. O grande xadrez do mundo, de outro lado, não se joga na política, ou na economia, mas nas religiões. Guerras, atentados terroristas, ações extremistas, revoltas populares repercutem, cada vez com mais força, desdobramentos maléficos da fé — que estão aí, a arder, diante de nossos olhos.

Ciência e religião se tornam os dois extremos do mundo. Traçam as duas margens do grande abismo no qual nós, humanos, lutamos para existir. Um livro — um estupendo livro — reúne dois intelectuais respeitáveis, o físico Marcelo Gleiser e o religioso Frei Betto, para um diálogo franco entre ciência e religião. *Conversa sobre a fé e a ciência* (Agir, mediação de Waldemar Falcão) nos traz um encontro inspirador, não só pela chance de contrapor (mas será esse o verbo?) duas perspectivas opostas, mas também porque oculta uma pergunta que, a cada momento, mais nos atordoa: ainda existe sentido no mundo em que vivemos?

Podemos perguntar: existe, nesse grande espaço aberto entre ciência e religião, a possibilidade de uma terceira margem? Um lugar em que, para além do método e do rigor, mas também da fé e do dogma, tenhamos mais uma chance de pensar? Desde as vanguardas do século XX, muitos acreditam que a arte morreu. O que dizer, então, a respeito da literatura em um mundo devassado pelas imagens? Afirma-se, com frequência, que a literatura está morta, isso apesar dos best-sellers, da expansão do mercado editorial e da proliferação às vezes atordoante de escritores. No fim das contas, ela estaria condenada a ser só uma diversão (para quem a vê com os olhos dos negócios), ou um jogo intelectual (para quem a observa com os olhos do esnobismo), sem nenhuma força para intervir no debate contemporâneo.

Os escritores pontificam na mídia e circulam por congressos, seminários e feiras internacionais. Tornaram-se celebridades. Teriam, no máximo, um peso semelhante ao dos desportistas, das modelos e dos colunáveis. Merecem respeito, costuma-se pensar — mas quase nada mais teriam a dizer. A leitura de *Conversa sobre a fé e a ciência* nos estimula a pensar se, nesse mundo bipartido, não haveria lugar para uma terceira margem. Lugar não da revelação e do dogma, tampouco dos conceitos e da experimentação, mas do singular.

Nessa terceira margem, a literatura se oferece, sim, como alternativa. Basta seguir, com paciência, os passos de Betto e Marcelo — um religioso e um cientista marcados pela atração da poesia. Na margem mais áspera da ciência, encontramos o método, o interesse pelo "como" (não pelo "por que"), o apego às provas, às evidências, às demonstrações. Na margem mais etérea da religião, estão os dogmas, os preceitos da fé revelada, a letra dos livros sagrados, as leis e os mandamentos. Diga-se logo: Frei Betto faz um esforço imenso, e comovente, para descongelar a religião, aquecendo-a no fogo do humano. Revela um grande coração e, mais que isso, faz um esforço profundo para não se afastar da humildade.

Também Marcelo, quando fala da ciência, afirma primeiro a importância da dúvida, não da verdade. "Não existe dogma na ciência", ele diz, "você tem teorias que são aceitas, mas essas teorias podem ser questionadas, até mesmo derrubadas, ou complementadas no futuro". Betto e Marcelo se contrapõem, assim, às mentes duras que, nas duas margens, esquivam-se da conversa. Existem sempre as teorias que estão no poder. Hoje, ninguém mais acredita que o sol gira em torno da terra, o que já foi, no passado, uma verdade inquestionável. Constatar a fragilidade da ciência não é a ela se opor. É aceitar seus limites e pensar — parodiando o que o próprio Marcelo nos diz — que seu universo "é tudo aquilo que nós conseguimos apreender dele". Que, mesmo na teoria mais pura, impõe-se sempre a sombra frágil do homem.

De um lado, a ciência, preocupada com provas e demonstrações. De outro, a religião, amparando-se em dogmas e verdades reveladas. Entre as duas, entrevemos uma prima pobre: a literatura. De que trata a literatura? A rigor, ela não tem um objeto. Cada nova ficção "funda" a literatura, diz o que ela é. Ao manejar a invenção, um escritor pode tudo. Ao contrário, a ciência, assim como a religião, tem seus limites na História. Mostra Betto que, no século XIX, para se contrapor ao acelerado avanço da ciência, a Igreja Católica, chefiada então por Pio IX, cria o dogma da "infalibilidade do papa". Religiosos tocados pela poesia, como Betto, afirmam uma posição divergente. "Supõe-se que a religião é o reino do dogma, da certeza absoluta, e a ciência o reino da dúvida", ele admite. Contudo, tanto a ciência como a religião buscam uma compreensão que ultrapasse os cinco sentidos. Mesmo partindo de métodos e dogmas, elas perseguem o transcendente e o invisível.

A literatura, ao contrário, não parte de nada. É verdade: escrevem-se histórias da literatura, marcada pelo desejo de enfileirar os escritores em hordas genealógicas. Um pensador lúcido como o argentino Juan José Saer (1937-2005) nos mostrou, porém, que "a superioridade da verdade sobre a ficção é uma fantasia moral". Quando um escritor escolhe a ficção, não é por desprezo à verdade. A ficção não põe em dúvida a verdade, ao contrário, realça seu caráter complexo; não descarta a verdade objetiva, ao contrário, enfatiza sua turbulência. Ela não deseja explicar, ou fixar nada; não se interessa por balanços e conclusões. Aposta, apenas, na verdade do singular. Verdade que, a cada vez, é outra verdade.

Enquanto a ciência e a religião buscam verdades unificadas, a literatura se apega à delicadeza do Um. Um e outro e outro — mas eles jamais somam, ou se espelham. Indiferente a qualquer ordem, ou sistema, o Um é o lugar da poesia. O que *Grande sertão: veredas* tem a ver com *A paixão segundo G.H.*? Qual é a dívida do *Livro do desassossego* para com o *Quixote*? Podemos traçar hipóteses, frágeis e parciais, mais nada. A tentativa de unificar escritores e ficções em grupos e escolas é de alto risco. Não são as possíveis semelhanças que engrandecem os escritores, mas suas divergências. A beleza está na distância.

Muitos preconceitos, porém, cercam a ficção. Em um dado momento da conversa, sem perceber o que diz, Betto comenta: "Se a descrição evangélica fosse uma ficção, o autor com certeza a faria esteticamente completa para o convencer o leitor." As ficções, ao contrário, não se interessam pelo completo. Tampouco é função das ficções "convencer" o leitor. A literatura nada espera de seu leitor. Deseja apenas que, enquanto lê um livro, ele o habite. Como disse, certa vez, a canadense Claire Varin a respeito de Clarice Lispector: "Para ler Clarice você precisa *ser* Clarice." Fechado o livro, você está pronto para experimentar outra existência.

A beleza do diálogo entre Frei Betto e Marcelo Gleiser está no esforço comovente que cada um deles faz para suportar a posição do outro. Há algo não só de poético, mas de profético nessa atitude: eles anunciam, com isso, seu desejo do desconhecido. É muito difícil, porém, um homem se afastar das verdades que o fundam. Diz Betto: "Aceito-o [o dogma da ressurreição] como dogma de fé. [...] Não aceito o dogma como conceito congelado." Se a ciência trata do "como", mas não do "porquê", como afirma Marcelo, e se a religião tem em seu horizonte a revelação da Causa Primeira, isto é, o "porquê", a literatura, diferente de ambas, não se interessa nem pelo "como", nem pelo "porquê" — mas pelo que é. Cada livro "é" a literatura — uma ficção não necessita de provas, de antecedentes, ou de demonstrações. Embora por um fio, basta-se.

A ficção não opta nem pela verdade, nem pela mentira. Volto a Saer: "A ficção não resolve problemas, mas incorpora problemas. Na ficção está presente o entrecruzamento entre verdade e mentira." Nada mais próximo do humano. Tanto Betto como Marcelo defendem a ideia de que religião e ciência devem permanecer "mundos separados". Defendem, de forma sutil, a especialização e a hierarquia (ou pelo menos autonomia) entre os saberes. A literatura, ao contrário, mistura tudo. Imitando a nós, homens, que amamos e odiamos ao mesmo tempo, a literatura ocupa a terceira margem para dizer que tudo o que existe — verdadeiro ou falso — lhe serve. "A religião não pode ter a pretensão de explicar o *como*" — diz betto. "O papel de cada um está bem-definido", enfatiza o mediador Waldemar Falcão, sem esconder seu alívio.

Talvez a literatura esteja mais próxima da "sopa quântica" a que Marcelo se refere quando — debatendo as teses de Stephen Hawking — nos oferece uma precária descrição de uma realidade anterior ao Big Bang, na qual noções elementares como as de espaço e tempo não existem. Na "sopa quântica" que o antecede (referência à física quântica), momento em que "nada mais faz sentido", cada coisa é apenas o que é — exatamente como acontece no campo da ficção, cada coisa está condenada ao singular. O universo quântico, descreve Marcelo, se define por uma grande agitação e também uma grande indeterminação. Nesse suposto "vácuo quântico", grande Nada que supostamente precedeu o Big Bang, o conceito de tempo não faz sentido e o de História também não. Mas eis onde a ficção, talvez, encontre seu espelho!

A ciência, lembra Marcelo, "precisa de conceitos para funcionar". Precisa de suposições, de princípios, de leis de conservação, isso apesar de eles serem sempre relativos e poderem, a qualquer momento, ser superados. Admite Marcelo, revelando sua alma de poeta: falta uma "metateoria" que explique e unifique os vários universos e as várias teorias existentes. Esse lugar, porém, é ocupado pelo dogma e pela religião tradicional. Lugar, porém, de que Betto — com sabedoria poética — se afasta. Ele se recusa a ficar com um Deus que seja só um tampão para os buracos deixados pela ciência. Recusa-se a aceitar esse "Deus das lacunas", que aparece para explicar ali onde a ciência falha e que nos esperaria no ponto final da verdade — assim como um pai espera o filho no ponto de ônibus. Afirma Betto: "Prefiro ficar com o Deus do amor a acreditar nesse Deus que vem substituir o professor de física."

Sua opção por um Deus do amor — humilde e até mesmo frágil — é, de fato, comovente. Mais que isso: é pura poesia. Argumenta Betto: "A questão é: o conceito ou a experiência que tenho de Deus me faz mais humano?" Seria uma loucura pensar na superioridade da literatura em relação à ciência e à religião. O diálogo caloroso entre Marcelo e Betto, contudo, leva a pensar no grande salto que a literatura nos oferece. Vivemos em um mundo à deriva, no qual, para além das hipóteses da ciência e dos dogmas da religião, temos a sensação cotidiana de que o sentido, qualquer esperança de sentido, nos escapa. Cabe lembrar aqui o momento crucial em que Saer distingue a prosa da literatura. A prosa é o terreno do preciso (ciência) e do útil (religião). Lugar da certeza pragmática e da precisão (ciência) e também da iluminação e da Verdade Primeira (religião). A literatura, diz Saer, deve recusar a prosa. Afirma sem vacilar: "A ficção deve ou prescindir da prosa, ou modificar sua função."

A ficção fica do lado do singular — e o singular não se compara a nada, não se enfileira em ordem alguma. Isso não quer dizer que a literatura dê conta do mundo: os escritores conhecem bem os frágeis limites do instrumento que manejam. Mais ainda: provam do fracasso inevitável de sua arte. Por que o *Quixote* funda a literatura moderna? Responde Saer: porque nele impera a consciência do fracasso. Nada se espera de um romance — a não ser que ele nos perturbe e desordene. A ficção não quer provar nada, não deseja chegar a lugar algum: quer apenas ser. O *Quixote* se oferece, então, como metáfora da terceira margem: lugar indiferente a qualquer ordem, qualquer prova, qualquer verdade.

Betto, o poeta, se aproxima um pouco disso quando recorda que não existe uma imagem perfeita de Deus. "Não há ninguém, nenhum santo, nenhum papa que tenha uma imagem quimicamente pura de Deus." Jesus é Deus, argumenta Betto, não porque é puro, mas porque é humano. Se Marcelo, poeta também, arrasta a ciência para o terreno inquietante da dúvida, Betto associa a religião à tolerância. Ambos lutam para fugir das certezas que aprisionam tantos cientistas e religiosos. E que nos conduzem àquilo que hoje chamamos de fundamentalismo.

Nada mais distante do fundamentalismo que a ficção. Um romance não precisa de fundamentos. Não tem obrigações com ninguém. Nada deve a ninguém! Lembra Betto que a fé também é gratuita: "É uma experiência viva em mim, ela precede qualquer elaboração teológica." Afirma, assim, uma fé que vai além das igrejas e, em consequência, além dos dogmas. Também Marcelo diz que a humildade e a tolerância são os princípios fundamentais de sua vida. Ambos reafirmam a necessidade de um flerte constante com o mistério. Ambos falam, ainda, do primado da paixão, sem a qual tanto a ciência como a religião perdem sua força. Em outras palavras: perdem a poesia. Ambos assinalam a importância de escutar o outro — e, como diz Waldemar, fazem assim a defesa da diversidade, não da adversidade. Da aliança, não do repúdio. Ambos realçam a importância de uma vasta zona de sombras. Diz Marcelo, com voz de poeta: "Nem mesmo sabemos quais são todas as perguntas que precisam ser feitas para que possam ser respondidas." Essa consciência dos limites do humano, assim como do inevitável fracasso de nossos atos, define a postura dos dois.

Ambos são atraídos, sem saber, pela literatura. Os dois investem naquilo que Betto chama de "profundência" (mais além da imanência e da transcendência), terreno (ou pântano) por excelência da ficção. Chega a dizer Betto que não vê Deus como um "motor primeiro", como em Aristóteles, mas como um Deus pessoal "que está imantado em toda a realidade". Em momentos assim, eles roçam a face da poesia, sugerindo que tanto a ciência como a religião não devem excluí-la. Lembra Marcelo, bastante cético, que as várias hipóteses a respeito da existência de outras dimensões, por exemplo, vêm apenas recobrir o lugar do invisível, isto é, daquilo a respeito do que nem sequer cogitamos. Lugar no qual a ficção, grande colcha cheia de furos, se instala. Não só para apontar a fragilidade do humano, mas para assinalar as possibilidades infinitas que essa fragilidade, misterioso tesouro, nos traz.

("Eu &", *Valor Econômico*)

TRINTA E OITO | **QUAL SARAMAGO?**

O ESCRITOR PORTUGUÊS JOSÉ SARAMAGO EXPERIMENTOU MUITAS mortes antes de morrer. Poucos autores tiveram sua imagem borrada por tantos equívocos, poucos foram tão retalhados e tratados pelo que não eram. O destino em pedaços de Saramago me faz recordar uma difícil pergunta deixada pelo escritor mineiro Herbert Daniel, falecido em 1992: — A questão não é saber se há vida depois da morte, mas se há vida antes da morte.

Mas que vida? E qual Saramago? Por ser filiado ao Partido Comunista Português, José Saramago foi muitas vezes tratado — foi discriminado — como um "autor comunista". Clichê que serviu para explicar (na verdade, para adulterar) muitas de suas atitudes e ideias. Outras vezes, por não fugir do debate contemporâneo, e também por causa de sua escrita sinuosa, com frases em serpente, ele foi estigmatizado — foi morto — como um autor retórico e prolixo.

Pelos mesmos motivos, repetiu-se, à exaustão e sem nenhum critério, que José Saramago era um escritor "barroco" — marca que sua nacionalidade portuguesa, isto é, católica, reforçava. Isso apesar de ele se declarar, sempre, ateu. É verdade: Saramago admitia a influência cristã em sua literatura, ainda que por contraposição. Ascendência que se evidencia em um romance radical, e muitas vezes mal compreendido, como *O evangelho segundo Jesus Cristo*, de 1991.

O interesse pela história, matéria-prima de várias de suas narrativas, como *Memorial do convento*, de 1982, e *História do cerco de Lisboa*, de 1989, justificou, com frequência, a redução de sua imagem à da figura burocrática e sem-sal do autor de romances históricos. A esses, em 1997, Saramago deu uma resposta sutil (que poucos, no entanto, compreenderam), quando publicou *Todos os nomes*, romance que trata dos devaneios de um escriturário do Registro Civil e das consequências imprevisíveis por eles produzidas. Por sustentar com firmeza as próprias ideias, o escritor foi, com frequência, taxado de panfletário, outras de arrogante, outras ainda — vamos usar a palavra nefasta — de chato.

Com a diminuição de Saramago à estampa banal do "escritor político", ou então do "historiador interessado em literatura", dele se subtrai a característica mais importante: a prodigiosa imaginação. Em um colóquio sobre sua obra realizado em Madri, ainda nos anos 1990, o argentino Javier Alfaya observou que José Saramago é um desses escritores autônomos, "que não descrevem a realidade, mas a inventam". Sua insistência em divergir das interpretações oficiais serviu, muitas vezes, de argumento para aprisioná-lo no rótulo de "escritor pessimista". Isso só porque, sempre em busca de transformar a realidade, ele nunca aceitou as fórmulas convencionais; ao contrário, as pulverizou. Seus romances são exercícios dolorosos, mas persistentes, de desconfiança. Não porque ele abdicasse de mudar o mundo, mas porque sempre insistiu, contra tudo e contra todos, em fazer isso.

Por causa das críticas atrozes a *O evangelho segundo Jesus Cristo*, que o relegaram à posição de um traidor da tradição espiritual portuguesa, Saramago preferiu exilar-se, em 1992, na ilha de Lanzarote, nas Canárias. Como era um escritor que gostava de pensar, e que escrevia bem porque pensava bem, não porque fosse um mero repetidor de doutrinas, ele foi, algumas vezes, reduzido à figura do ensaísta introvertido — que, por timidez, por engano, por fraqueza, disfarçou-se de romancista. Mas o suposto escritor racional, "homem de ideias", declarou-se, várias vezes, atordoado pela força dos sonhos e, em particular, dos pesadelos em sua vida. "O que interessa é que há um momento em que o escritor se aceita a si mesmo", disse, registrando sua perplexidade diante do desconhecido.

Nem o prestígio internacional incontestável, nem o Nobel de Literatura em 1998, nem os prêmios e as traduções intermináveis bastaram para livrá-lo das sucessivas mortes que foi obrigado a suportar. Agora que a morte real chegou (se é que há algo de real na morte), ela nos obriga a juntar, e quem sabe a reparar, os pedaços em que José Saramago foi dividido.

É verdade que o escritor José Saramago veio ao mundo muito depois do homem José Saramago. Nascido em 16 de novembro de 1922, em Azinhaga, uma pequena aldeia do Ribatejo, e apesar de publicar seu primeiro romance, *Terra do pecado*, aos 25 anos, José Saramago só se tornou o escritor José Saramago às vésperas dos 58 anos de idade. Isso ocorreu quando, em 1980, depois de muitos anos de jornalismo e uns poucos livros sem importância, ele publicou, enfim, o romance *Levantado do chão*. É nessa história, ambientada entre os trabalhadores rurais do Alentejo, que, pela primeira vez, se firma sua voz inconfundível. Foi o primeiro livro em que ele, livrando-se das algemas do "bem-escrito", praticou a supressão radical da pontuação.

O escritor que nasceu 58 anos depois de nascer e que morreu várias vezes antes de, finalmente, morrer só podia se tornar um escritor genial. Dono de seu destino, José Saramago, indiferente à longa e paciente espera e à miopia de muitos intérpretes, foi um homem que inventou a si mesmo. E, por isso, é um escritor que não se parece com nenhum outro.

(José Saramago, "Prosa & Verso", *O Globo*)

TRINTA E NOVE | O HOMEM DESLOCADO

Moacyr Scliar sempre escreveu com a postura de médico: um pé atrás para observar o mundo, a coragem de meter as mãos nas piores partes do humano, a decisão de, mesmo nas horas difíceis, não se afastar da realidade. Foi assim, deslocado de seu centro, mais como observador que como inventor, que escolheu a literatura. Ainda menino, gostava de ir ao pronto-socorro do Bom Fim, reduto porto-alegrense da colônia judaica, para observar o atendimento aos pacientes e seu sofrimento. Nunca fugiu da dor. Sem ser hipocondríaco, sofria muito, desde cedo, com as doenças dos pais, que lhe despertavam medo e atração. O interesse pela dura verdade do corpo o levou à medicina, em que se formou em 1963.

O interesse pela verdade social o deslocou, anos depois, para a medicina sanitária, que lida com pestes, epidemias, dramas coletivos, isto é, mexe nos subterrâneos da vida. A aproximação da literatura, em que estreou em 1968 com a coletânea de contos *O carnaval dos animais*, teve o mesmo caráter de inquietação. Imitando os grandes cirurgiões, de quem se exige a mão delicada, Scliar também se debruçou sobre a realidade com as luvas da fantasia. A parábola — na linha de Franz Kafka — logo se transformou em seu método preferido. Narrativa alegórica que, por comparação, evoca outras realidades, a parábola lhe foi muito útil como artifício de sobrevivência durante o regime militar, durante o qual lançou livros importantes, que tratam de temas incômodos como a violência e a mentira, como o romance *Mês de cães danados*, de 1977, e o livro de contos *A balada do falso Messias*, de 1976.

Três grandes influências marcam a literatura de Scliar: a presença contínua de Franz Kafka, como ele um judeu deslocado de sua condição; a escrita fantástica de Julio Cortázar, que o aproximou do realismo mágico — que se afasta da realidade para, com os olhos mais sutis, vê-la melhor; e a leitura laica da Bíblia, em particular do Novo Testamento, em que as parábolas proliferam. Com eles, aprendeu a força da linguagem figurada que, em poucas linhas, e de modo leve e até irônico, consegue dizer as piores verdades. Scliar sempre apreciou, em particular, uma parábola mínima de Kafka, "Leopardos no templo", que diz assim: "Leopardos entram no templo e bebem até o fim o conteúdo dos cálices sagrados. Com o tempo isso se transforma em uma rotina e é incorporado ao ritual." Existirá um modo mais conciso, e ao mesmo tempo devastador, de falar das manhas do totalitarismo?

Seu mais importante romance, *O centauro no jardim*, de 1980, incluído na lista dos cem melhores livros de temática judaica dos últimos duzentos anos organizada pelo National Yiddish Book Center, dos Estados Unidos, usa a figura lendária do centauro, metade cavalo, metade homem, para falar, de forma poética, da divisão que define a alma humana. Em *A mulher que escreveu a Bíblia*, romance de 1999, Scliar carrega uma mulher do século XX de volta ao século X antes de Cristo, usando o recurso da terapia das vidas passadas, para revelar que, entre as setecentas esposas do rei Salomão, só uma sabia ler e escrever — e a ela devemos as narrativas bíblicas. Para tratar o tema em geral recalcado da masturbação, Scliar, em *Manual da paixão solitária*, de 2008, desloca-se até a antiga Judeia para reviver a vida de Judá, o quarto filho de Jacó, e dos três filhos do primeiro, Er, Onan e Selá, e suas difíceis relações com o amor. Os saltos no tempo e as guinadas próprias da linguagem figurada, em vez de se tornarem uma rota de fuga, conduzem o escritor gaúcho ao coração dos dilemas contemporâneos.

Scliar não se esquivou de temas cruciais, e arcaicos, como a culpa, a melancolia e o mal, que percorrem sua ficção de ponta a ponta, sempre temperados por um humor sutil, que não esconde sua origem judaica. Nunca foi um homem religioso. Aos 6 anos de idade, os pais o matricularam no Colégio Iídiche, levando-o a se aproximar melhor (outro deslocamento) da língua alemã falada por judeus. Cinco anos depois, eles o transferiram para uma escola católica, onde — mais uma vez "fora de si" — tentou, sem sucesso, uma conversão ao catolicismo. Os dramas espirituais que percorrem os textos sagrados, em suas mãos, se transformam em matéria humana. Em Scliar, a carne sempre vence o espírito.

A leveza e a ironia lhe serviram como antídotos para tratar de questões dolorosas sem ceder às pressões do drama. Foi também com leveza e sem afetação que, em 2003, elegeu-se para a Academia Brasileira de Letras. Nunca abdicou da obsessão pela ciência e pelos grandes cientistas, que lhe serviram de modelos para muitas ficções. O médico e indigenista Noel Nutels, por exemplo, é o protagonista de *A majestade do Xingu*, romance de 1997, e o sanitarista Oswald Cruz, de *Sonhos tropicais*, de 1992. Scliar nunca pretendeu, porém, transformar a literatura em um instrumento da ciência, ou veículo de sua divulgação. Também jamais cogitou que a literatura possa se transformar em uma porta de acesso à religião. Certa vez, disse, a respeito de seu fascínio pela Bíblia: "Ele não é o fascínio do ateu pela religião, mas do leitor pela narrativa." Sempre atribui à sua origem judaica a persistência de uma pergunta que marca a alma dos judeus emigrados: "O que sou exatamente?" Sem uma resposta, deslocado do acesso às grandes verdades, fez da literatura uma forma amorosa de sobrevivência no real.

(Moacyr Scliar, "Prosa & Verso", *O Globo*)

QUARENTA | OS NAVEGANTES DA NOITE

A NOITE E A INSÔNIA SÃO PARCEIRAS VALOROSAS DOS ESCRITORES. Mesmo para aqueles de hábitos saudáveis e diurnos, um estado próximo ao do sonambulismo — o distúrbio do sono em que o sujeito desperta fora de si e pratica atos que não escolhe — é parte crucial na ficção. Escritores trabalham às cegas, mergulhados não na noite real, mas em uma ainda mais obscura noite interior. Escrevam de dia ou de noite, estarão sempre com os olhos vendados, tateando entre escombros e desafiando a escuridão.

Há um livro, um pequeno e grande livro, uma das ficções mais belas já escritas, que descreve isso muito bem. Trata-se de *O coração das trevas*, o clássico que o escritor britânico de origem polonesa Joseph Conrad (1857-1924) publicou no ano de 1906. A maioria dos leitores toma *O coração das trevas* — existem hoje boas edições de bolso da Companhia das Letras e da L&PM — como um simples "livro de aventuras". O próprio Conrad tratou de desfazer esse mal-entendido quando disse: "Chamaram-me de escritor do mar, dos trópicos, escritor descritivo, romântico e realista. Toda a minha preocupação foi chegar ao valor ideal das coisas, dos acontecimentos, dos seres." Um século depois, o livro ainda nos inspira: o cineasta Francis Ford Coppola dele partiu para filmar o genial *Apocalipse Now*.

Para chegar ao coração dos seres, Joseph Conrad tornou-se um especialista na escuridão. Não da noite externa, de estrelas e do sono, mas da noite interna, aquelas partes vedadas e inacessíveis — em uma palavra: obscuras — que todos carregamos. É verdade que o romance surgiu, em parte, de uma experiência real: no ano de 1889, a serviço da Sociedade Anônima Belga para o Comércio no Alto Congo, o escritor — que foi também marinheiro — comandou um barco em subida do rio Congo, para o transporte de mercadorias. A obscuridade da selva africana o marcou para sempre. Mais tarde, arrancaria *O coração das trevas* não da viagem e da aventura reais, mas desses sentimentos sombrios que, durante a subida do rio, lhe impregnaram o coração. "É preciso reservar um lugar para o inexplicável se se quer julgar a conduta dos homens nesse mundo onde não existe explicação definitiva", resumiu depois.

O romance conta a história do marinheiro Charlie Marlow, que sobe o rio Congo à procura de um certo Kurtz, homem misterioso que vive escondido na escuridão da África. Faz sua viagem (como os escritores escrevem) a maior parte do tempo no escuro, tendo apenas um objeto ideal (no caso dos escritores: a ficção) a alcançar. Na travessia da selva, Marlow descobre a existência de "um demônio frouxo e louco, de olhar débil e enganador", que se impregna em todas as almas. Surgem, então, alguns dos componentes fundamentais do estado propício à escrita: cegueira, frouxidão, indefinição de limites, fragilidade, ignorância. Elementos que se contrapõem a clareza, certeza e segurança, próprias da vigília, e que definem a obscuridade a que habitualmente associamos a noite.

Navega Marlow, todo o tempo, em uma atmosfera irreal, que evoca não só o ambiente carregado dos pesadelos, mas o estado de perplexidade em que os escritores trabalham. Sim: *O coração das trevas* é, de modo muito forte, ainda que sutil, um livro sobre a própria literatura. Lutando contra forças que desconhecem. Submetidos a impulsos que não controlam. Vendo seus projetos iniciais se esfarelarem diante da pressão irreprimível da escrita. Escritores — mesmo os diurnos — habitam, sim, o universo da noite. Poderiam repetir a frase de Charlie Marlow, dita em um dos momentos de mais desespero, quando ele se sente fracassar no relato de sua própria experiência: "Tenho a impressão de que estou tentando contar um sonho, o que é uma tentativa vã, pois ninguém captura um sonho, onde aflora essa mistura de absurdo, surpresa e encantamento." Pode haver descrição mais precisa da aventura de escrever?

Escritores têm seus projetos diurnos. Mas, em confronto com as palavras, eles ganham a inconsistência dos sonhos; tornam-se objetos arredios, que não se deixam capturar, se esquivam, lhes escapam. Ao fim da aventura (cada escritor sobe seu próprio Congo), o que eles têm nas mãos é, sempre, outra coisa. Quando, enfim, depois da longa e difícil subida do rio, Marlow se encontra com Kurtz (assim como um escritor enfim se depara com seus manuscritos), toma um susto. Vê um homem que "dá as costas para a sede da Companhia, para o conforto, para a pátria e a família, voltando o rosto para as profundezas da floresta, para seu posto vazio e desolado". Sim, porque o sentimento final do escritor é o de desolação: quis escrever uma coisa e escreveu outra; achou que fazia uma coisa, e fez outra;

as palavras brincaram com ele e o submeteram. Trabalhou no escuro, tateando, buscando uma luz impossível; chegou aonde não pretendia chegar, mas ao que, enfim, é seu.

    Diante de uma figura tão enigmática como Kurtz, um perplexo Marlow medita: "A verdade interior está oculta — para sorte nossa. Mas eu a sentia presente." Como ele, o escritor, ao cabo de sua aventura, não sabe bem o que fez — sabe apenas que fez. A própria ideia da autoria, a própria assinatura, nesse sentido, se torna um pouco fraudulenta. É justo que, diante de seu manuscrito, o escritor se pergunte: "Sou eu mesmo seu autor?" Navegando no deserto, como Charlie Marlow, os escritores poderiam repetir suas célebres palavras: "Perdem as referências — perplexos e horrorizados, circulam como fantasmas. Não podem compreender, e nada podem lembrar." Haverá descrição mais precisa da escuridão?

(Joseph Conrad, "Eu &", *Valor Econômico*)

QUARENTA E UM | **VALTER HUGO MÃE**

QUANDO PENSAMOS NO ESCRITOR VALTER HUGO MÃE — NASCIDO em Angola no ano de 1971 —, pensamos não em um, mas em, pelo menos, dois escritores. O primeiro, que fez sua estreia na literatura com *o nosso reino* — assim mesmo, com minúsculas —, nutre grande aversão pelas letras maiúsculas, ao ponto de assinar seu próprio nome assim: valter hugo mãe, sem maiúsculas também. Esse primeiro escritor consagrou-se com uma tetralogia composta, ainda, por *o remorso de baltazar serapião*, de 2006, *o apocalipse dos trabalhadores*, de 2008, e *a máquina de fazer espanhóis*, de 2010, esse último lançado no Brasil pela Cosac Naify. O comovente *o nosso reino* chega agora às livrarias brasileiras com o selo da Editora 34.

O segundo escritor surge, em 2012, com *O filho de mil homens* (Cosac Naify), seu quinto romance, no qual, em um falso desmentido de si, ele adota as maiúsculas e se torna Valter Hugo Mãe. Os mistérios íntimos que levaram o escritor a essa metamorfose perdem-se, por certo, nas mais remotas emoções infantis. Ao ler seu primeiro e seu quinto romances e comparar os dois extremos, contudo, o leitor faz agora uma constatação: existe apenas um grande escritor chamado Valter Hugo Mãe, ou valter hugo mãe, como o leitor preferir.

Valter Hugo Mãe — adoto as maiúsculas, como o escritor agora deseja — é, antes de tudo, um destruidor de falsas oposições. Começo por *O filho de mil homens*, narrativa em que a delicadeza e a monstruosidade exibem surpreendente vizinhança e terminam, por fim, por anular-se. O pescador Crisóstomo, protagonista do livro, julga-se "um meio-homem". "Achando que tudo era ausência, achava também que vivia imerso, como no fundo do mar". É um homem solitário que, como todos nós, mesmo quando na mais amorosa das companhias, continua a buscar a metade (impossível) que lhe falta. Acredita encontrá-la, primeiro, em um filho adotivo, Camilo. Um garoto de 14 anos que é quase um fiapo: "Era um menino na ponta do mundo, quase a perder-se, sem saber como se segurar e sem conhecer o caminho." Só ele?

O menino incentiva-o a encontrar a metade que lhe falta em uma mulher. É uma maneira de adoçar a tristeza do pai. Filho de uma anã, ele traz no sangue o sentimento de ser apenas uma metade. Crisóstomo decide lançar-se no amor. Pensa: "Quem tem menos medo de sofrer tem maiores possibilidades de ser feliz." Na verdade, o medo do sofrimento é o outro nome da infelicidade — o que nos condena a um difícil gozo da dor. Quando engravida, a mãe de Camilo jura às vizinhas que engravidou sem um homem. Estranha gravidez, fruto não do amor, mas da solidão, ela leva a futura mãe a decidir que terá um filho "de mil pais" — o que é o mesmo que nenhum. Morre assim que Camilo nasce.

Há no romance, também, um "homem maricas", Antonino, que, pressionado pelo moralismo de uma pequena aldeia, busca um casamento de aparência. Isto é: busca uma falsa metade. Sofre o diabo nas mãos de sua mãe, Matilde, que o rejeita, e vê o casamento não como um ato de amor, mas de salvação. Encontra, por fim, Isaura, uma mulher triste, que a família trata como se fosse um monstro. A monstruosidade, a propósito, se espalha por toda a escrita de Valter Hugo Mãe: ela não passa de nossa repulsa pelo humano. Estranho destino o nosso, que trança histórias incoerentes e junta personagens incompatíveis, que jamais se completarão — exatamente como os que circulam no romance de Mãe. É da mesma Isaura que o pescador Crisóstomo, depois, se aproxima também.

Isaura — como todos os personagens de Valter Hugo Mãe — é uma mulher que, se aceita ser quem é, é "só para poder ser feliz". O que parece uma castração (dos ideais, dos sonhos dourados) é, na verdade, uma queda em si e talvez a única forma possível de completude. Os seres criados por Mãe são homens e mulheres deslocados de si, entortados pelas crueldades do real e que, por isso, se julgam partidos ao meio. Na verdade, estão mesmo: esquecem-se, na maior parte das vezes, de que a perfeição é uma outra palavra para o desumano. Em seu nome, ao longo do relato, aliás, se praticam muitas barbaridades. Ser feliz, nos sugere Mãe, é desfazer-se das expectativas ou, como ele define, "ser o que se pode". O ódio é — como no caso do infeliz Antonino — a recusa à realidade.

O tema de Valter Hugo Mãe é a dor, que ele atravessa com coragem e delicadeza, método que unifica não só seus relatos, mas sua assinatura. É, também, o nojo de si que leva Antonino a recusar sua natureza só para satisfazer os desejos da aldeia. Trabalha Mãe com o primitivo, o irracional e o selvagem. Manipula o horror, sempre empenhado em encontrar, escondido atrás dele, ainda que encolhido e quase invisível, um tanto de delicadeza. A violência, em sua escrita, é, antes de tudo, uma manifestação errática do desejo de ser. A intolerância, expressa no ódio ao "homem maricas", uma manifestação assombrosa do medo. Matilde está certa de que seu filho, Antonino, sofre de uma "loucura de sentimentos". Mas, se houver alguma loucura, é na própria natureza: a que faz com que a jovem Rosinha, decidida a se casar com um septuagenário, o senhor Gemúndio, só para ter dinheiro para criar a filha, morra subitamente antes dele. O destino dos personagens de Mãe talvez se encarne, melhor que tudo, em uma galinha gigante, que aparece no galinheiro de Gemúndio durante uma tempestade e que pode ser uma galinha, mas pode ser também uma avestruz. Rosinha corta a garganta do bicho com um machado — corta a aberração, de que todos querem fugir e que, no entanto, faz parte do humano. E a ela, por fim, morre abraçada.

De volta ao valter hugo mãe das minúsculas, encontramos o mesmo lirismo, a mesma delicadeza em o *nosso reino*. Lá tudo já se anunciava. História de Benjamin, um menino de 8 anos de idade, e de sua luta interior para distinguir o bem do mal, o romance fala, antes de tudo, do medo. Como descreve o garoto: "um medo sutil de alguém que viesse e soltasse enfim a corda do arco onde me apoiava." Todos estamos por um fio — a existência é precariedade e penúria —, mas só as crianças, em seu desamparo, conseguem encarar isso. Já a avó, desde cedo, via em Benjamin uma mistura perigosa de "timidez e incompletude". Menino sério demais, pensava demais, sofria demais, ela pensa — como se todas as crianças não vivessem, ainda tão desprovidas de uma casca, com os nervos à flor da pele.

Para fugir da dor, Benjamin tem o sonho de tornar-se santo. É um menino tão estranho, tão retido na própria singularidade, que a aldeia em que vive acaba por acreditar que ele é mesmo. Quando a avó morre, Benjamim defronta-se com o destino. Descobre que o destino se assemelha a uma segunda vida — a um segundo Valter Hugo Mãe —, absolutamente indiferente às nossas opções. É o mesmo caso do escritor: pode mudar as minúsculas (da desordem) pelas maiúsculas (da ordem), mas continua a ser quem é. Os cortes sangrentos do destino se expressam de modo cru no destino da louca suicida, que perde num mesmo dia seus três filhos: o primeiro é comido por lobos, o segundo assassinado e o terceiro se atira em desespero de uma janela. Toda a literatura de Mãe costura esse elo perturbador entre a dor e a sensibilidade. Não doer é não sentir. Não doer é não viver — mas apenas repetir não um destino (porque esse é sempre pessoal), mas a frieza de uma máscara.

Aos poucos, descobre Benjamin os frágeis limites que separam, ainda, a vida da morte. A descoberta se materializa no dia em que salta de um rochedo, mas sobrevive. A descoberta dessa ruptura de limites entre vida e morte seria, para os crentes demais, para aqueles que tudo idealizam, a prova da santidade. Sabe Benjamin, melhor que qualquer adulto, que ele é apenas um humano. Nem a acusação do padre Filipe, para quem ele está possuído pelo diabo, o afasta de seu destino. Aos poucos, aprende que as coisas mais belas são as mais vulneráveis. E que é nesse limite fluido e perturbador que a vida fervilha.

(Valter Hugo Mãe, "Prosa & Verso", *O Globo*)

QUARENTA E DOIS | **A FICÇÃO ENVERGONHADA**

Os críticos literários não suportam a ideia de que a crítica literária é, ela também, um tipo (ainda que envergonhado) de ficção. A hipótese os horroriza, pois desmorona a torre de conceitos e preconceitos desde onde eles observam, com a postura de metódicos cientistas, a produção literária. Afasta-os das garantias de verdade que eles supõem inerentes ao trabalho crítico. Esfacela suas armaduras e os expõe.

A crítica trabalha, ela também, com a ilusão de verdade. Arcabouços teóricos, tradições analíticas, protocolos de leitura, nenhuma dessas couraças garante, contudo, a presença da verdade. Todo crítico é, antes de tudo, um leitor comum. Por mais que lute contra isso, nenhum crítico consegue calar o leitor comum que traz dentro de si. Uma grande diversidade de aspectos subjetivos entra, sempre, em jogo na atividade do crítico. A crítica — mesmo a mais "pura" delas — está impregnada de memória, de superstições mentais, de devaneios e imaginação. Também ela deriva da fantasia e, em consequência, se aproxima da ("é") ficção.

Juan José Saer, o grande escritor argentino, observou certa vez que a ilusão da não ficção se tornou, em nossos tempos, o gênero da moda. O rechaço da ficção seria, nesse caso, uma garantia de verdade. Vivemos no século da ciência e da tecnologia — logo, no século da verdade. Mas será? Como desprezar a ficção se somos sujeitos de sonho e de fantasia? Se estamos, desde a mais remota infância, aprisionados às lendas íntimas da imaginação? Se, apesar de nossos esforços sinceros, continuamos prisioneiros de nossa subjetividade — que é sempre limitada, nublada e parcial? "A superioridade da verdade sobre a ficção é apenas uma fantasia moral", escreveu Saer. A ficção não descarta a verdade objetiva, apenas enfatiza suas turbulência e complexidade. A ficção não mata a verdade, em vez disso a expande.

A razão crítica surge amarrada, ela também, à ficção. Recordo aqui um pensamento do escritor húngaro Imre Kertész: "Quanto mais argumentos apoiam a minha razão, tanto mais longe fico da verdade, porque participo de um jogo de linguagem cujos componentes são todos falsos, me encontro num sistema de ideias que deturpa tudo." Kertész conhece muito bem os aspectos utilitários da noção de verdade. Diz mais: "Se esse sistema de ideias cria uma realidade, a minha realidade dentro dele só pode ser uma realidade instrumental." Na leitura de uma ficção, uma grande parte da verdade nos escapa. O mais dramático: ela escapa, da mesma maneira, a seu autor. Essas zonas de sombra são, a rigor, o que chamamos de ficção. Só temos acesso ao indizível através do recurso da fantasia.

A crítica, porém, parte do pressuposto de que o autor é senhor de seu texto. Acredita, ainda, que, feito de segredos, jogos e armadilhas, o texto — como em uma escavação arqueológica — se oferece à decifração do leitor. Mas é o contrário! Quando lê um livro, um crítico — como qualquer leitor comum — é mais objeto da interpretação do que sujeito da interpretação. É como no consultório do psicanalista. Supomos, em geral, que, durante a leitura, o livro se deita no divã (e se oferece para interpretação e decifração do leitor), enquanto o leitor se acomoda na cadeira do analista. Ocorre, porém, o contrário. Quem ocupa a cadeira do psicanalista — quem lê, interpreta e provoca — é o livro. Quem se deita no divã e "sofre" do que lê é o leitor.

Parte majoritária da crítica se aferra a um modelo clássico, que vê a literatura apenas como um objeto de estudos. Enquanto isso, ela esconde e renega os impactos que a leitura provoca no espírito de quem lê, afetando assim, diretamente, a leitura que será capaz de fazer. Os críticos desprezam o modo como a literatura os atinge, os desloca e os transtorna. Mas todo crítico, mais que o algoz, é uma vítima do que lê.

Diante de um livro, o crítico deveria seguir a sábia lição formulada por Ernesto Sábato: "Se ele se glorifica, eu o rebaixo; se ele se rebaixa, eu o glorifico; e o contradigo sempre, até que ele compreenda que é um monstro incompreensível." Contudo, admitir que a leitura é uma atividade inesgotável e impossível é, ao mesmo tempo, admitir que ela o atinge e o atravessa. Um dia, como o Gregor Samsa de Franz Kafka, o leitor acorda transformado no que não é — ou, pelo menos, no que não costumava ser. Eis o efeito da leitura: atravessar o peito de quem lê, seja o leitor autorizado, seja o leitor comum. A mesma faca que fere é a faca que cura. Cada um faz com ela o que pode.

Quando tinha 19 anos, adoeci depois de ler, pela primeira vez, *A paixão segundo G.H.*, de Clarice Lispector. Chamado por minha avó, um médico de cabelos brancos diagnosticou: "A senhora não se preocupe, é só uma paixonite." Foi a primeira grande crítica literária que ouvi — proferida não por um literato, mas por um clínico geral. Ele soube entender que eu sofria de uma paixão. Que um livro me derrubara. E que só a digestão do próprio livro me curaria. Tanto que prescreveu apenas tempo e paciência. De fato, com o passar dos dias voltei a mim. Mas, então, eu já era um outro: a leitura de *G.H.*, para o melhor e para o pior, me transformara. Eu era Gregor Samsa, agora incapaz de ler a mim mesmo.

Volto a Saer, para quem a ficção não é uma negação da realidade, mas uma conexão extrema entre a realidade e a imaginação. A mesma conexão fundamenta o trabalho da crítica. A realidade — as convenções, as tradições, as normas — se expressa no arcabouço teórico que o crítico manipula. Mas nenhum crítico, nem o mais austero, "sai de si" quando critica um livro. Ao contrário: a leitura o lança para dentro de si mesmo. O livro, como "uma faca só lâmina" — para pensar em João Cabral —, o atinge e fere. Toda ficção, de alguma forma, nos adoece, isto é, faz nosso corpo sangrar. Diz Saer: "A ficção não põe em dúvida a verdade, ao contrário, ela realça seu caráter complexo." A ficção deixa profundas feridas no leitor — mesmo no mais bem-equipado deles.

Dizia Clarice Lispector que a ficção não é feita de respostas, mas de perguntas. Quando lemos um livro, essas perguntas se multiplicam e nos ferem. Por mais que lutemos, não conseguimos respondê-las — tanto que lemos, quase sempre, em silêncio. As respostas que esboçamos se transformam em novas perguntas. A grande ficção, em vez de nos apaziguar, nos atordoa. Que outra coisa é o trabalho crítico senão a arte de formular novas perguntas a partir das perguntas primeiras propostas pela ficção? A matéria da literatura não é a verdade, mas algo que a ultrapassa: o enigma. Um enigma não pode ser decifrado, pode apenas ser rondado. Todo crítico, mesmo o mais austero deles, dança em torno de seu enigma. Essa dança é a crítica. Imersa na fantasia e na invenção, a crítica literária não passa, no fim das contas, de um desdobramento da ficção.

Ainda que não escreva na primeira pessoa; ainda que não diga uma só palavra a seu próprio respeito; ainda que lute para se conservar objetivo e imparcial, o crítico será sempre um prisioneiro da ficção que tem diante de si. Ela o transpassa, o deforma e reelabora seus pensamentos. Ela o afeta e altera sua maneira de ler. Mesmo a mais ortodoxa crítica literária é, sim, uma forma — ainda que discreta e envergonhada — de ficção.

("Eu &", *Valor Econômico*)

Impresso no Brasil pelo
Sistema Cameron da Divisão Gráfica da
DISTRIBUIDORA RECORD DE SERVIÇOS DE IMPRENSA S.A.
Rua Argentina 171 – Rio de Janeiro, RJ – 20921-380 – Tel.: 2585-2000